VÍCTOR VILLARROEL VELÁSQUEZ

La renovada fragmentación geoeconómica

Creciente tensión entre los bloques confrontados

VÍCTOR VILLARROEL VELÁSQUEZ

Abogado egresado de la Universidad Central de Venezuela con maestría, doctorado y posdoctorado en seguridad de la nación. Especialista en derecho mercantil por la Universidad Católica Andrés Bello. También acredita estudios en administración, derecho ambiental y desarrollo sustentable. Ensayista, conferencista, investigador, consultor, asesor y analista en estructuras jurídicas, geopolítica, corporaciones, seguridad, defensa y desarrollo nacional. Autor y colaborador de diversas publicaciones. Además de un extenso ejercicio profesional en la administración pública y la empresa privada.

Contenido

NOTAS DEL AUTOR 4

INTRODUCCIÓN 5

CAMBIOS GEOESTRATÉGICOS EN LA DÉCADA DECISIVA 14

EL ARCO DE SEGURIDAD Y DEFENSA PARA CERCAR MILITARMENTE A CHINA 28

LA SECURITIZACIÓN DE LOS RECURSOS AMBIENTALES 41

LA INTERDEPENDENCIA EN UN MUNDO FRAGMENTADO 47

LA CONFRONTACIÓN EN LA OMC 51

NUEVO ORDEN ENERGÉTICO ORIENTAL 58

LA GLOBALIZACIÓN COMO BANDERA GEOECONÓMICA ASOCIADA AL ORDEN DEL DESARROLLO ECONÓMICO 64

LA PUGNA EN LOS SECTORES DE PRODUCCIÓN 86

LA SEGURIDAD EN LA POLÍTICA EXTERIOR DE LAS POTENCIAS ECONÓMICAS 93

LOS CUELLOS DE BOTELLAS DEL COMERCIO INTERNACIONAL 112

REFLEXIONES PRELIMINARES 121

REFERENCIAS BIBLIOGRÁFICAS Y NOTAS DE INFORMACIÓN 124

NOTAS DEL AUTOR

El presente trabajo es parte de mis apuntes particulares, los cuales están enfocados desde distintas perspectivas, a fines de ampliar la capacidad de análisis que permita visualizar puntos de encuentros a los desafíos de la (geo) política-económica. La información debidamente señalada en las referencias bibliográficas procede de fuentes especializadas, y aportes verificables a través de un proceso metodológico.

Las referidas notas están exentas de comprometer las cuestiones éticas, a las que laboralmente estoy expuesto.

El autor

INTRODUCCIÓN

La expresión "Que tanto pasa en el mundo" sería un buen título que cualquier escritor pudiera seleccionar para describir la situación acelerada de eventos que acontecen en el planeta. El entorno actual es un momento único en la humanidad que la sociedad global enfrenta ante tantos cambios y transformaciones sobre determinar "el elegir" su modelo de desarrollo vivencial.

Estamos asistiendo a la cuarta revolución industrial, y como todo proceso revolucionario desajusta las partes para auspiciar innovaciones en todo el ámbito social y económico. Si bien, los otros procesos que antecedieron a este momento fueron importantes; la primera, paso de la producción manual a la mecanizada, la segunda originó la electricidad y permitió la manufactura en masa, y la tercera dio la bienvenida a la electrónica que concatenó con la tecnología de la información y las telecomunicaciones. La presente sobrepasa todas aquellas, pues, representa la era del conocimiento en su mayor expresión "la superinteligencia".

Pero, cual elección transcendental es agitadora, para traer el acompañamiento de paradigmas que enfrentan a otros, así tienden a darse contiendas en todos los espacios en función de inducir la instalación de nuevas o renovadas representaciones de imágenes al modo de producción.

En tal sentido, es el caso de la geopolítica enlazada con la geoeconomía, que permite observar postura de escenarios beligerantes enunciados sobre el cambio de orden jurídico político económico, para aplicar en los eventos actuales ligados a tensiones entre potencias, conflictos armados, apuntalamientos de aliados, formación de bloques, aseguramiento de recursos estratégicos, competencia en los mercados, la tecnología, la carrera espacial, enfermedades infecciosas, problemas ambientales y en el más alto interés que el mundo haya conocido en los campos de la investigación, el desarrollo y la innovación.

Este panorama, no niega la complejidad que otro pasaje de la historia envolviera a la sociedad de otrora época, sin embargo, supera la magnitud de la expectación, debido a la conexión de la población a niveles inéditos, donde el flujo de la información erosiona en segundos las fronteras nacionales para integral todo el espacio geoespacial en solo una comunidad global.

Por ello, el concientizar cotidiano es fundamental para comprender la selva con gran megadiversidad en la cual estamos metidos, que a tan solo un "enter" pudiera dar paso para extinguir o modificar parte o la totalidad de la humanidad, tal como la hemos conocido.

En el presente trabajo quise exponer, en tanto, mayor alcance posible, la cosmovisión de mi pensamiento frente al fenómeno observado, es decir la fragmentación geoeconómica mundial, cuyas circunstancias del momento actual, considero sea la más relevante para determinar a que tipo de modelo de desarrollo adscribirse. El enunciando de tal posición, corresponde sobre la máxima de poder concerniente a dos modos de producción, el sistema gobernante o el antagónico en construcción. Solo uno puede prevalecer.

La investigación enlaza su trama dialéctica, sobre los cambios geoestratégicos, para describir el contexto de la fragmentación geoeconómica que dispone los bloques confrontados; occidente afirmado por EE. UU., en asociación con la UE, Reino Unido, Japón y otros, contra oriente liderizado por China y Rusia, en combinación con otras naciones. El mundo contemporáneo afronta tensiones en las relaciones internacionales, por el reclamo de los países emergentes para participar en roles protagónicos en la marcha del proceso del desarrollo económico y social.

No es poco lo requerido, debido a que por mucho tiempo el sistema se ha declarado inoperante con fuertes debilidades antes las complejas realidades, la pandemia del covid19 visibilizó aún más, la brecha del problema en profundidad. Ahora están presentes otros desafíos concatenados a causas generadas de hechos anteriores, para emerger posiciones en función de impulsar los cambios del modelo.

¿La fragmentación es necesaria, justa, conveniente o desacertada? Es una interrogante ampliada en toda la temática del estudio, siendo un proceso que tiende a escenificarse cuando el orden del tablero no encaja las piezas aportadas por los participantes en ascensos. Esto lo demostró el ciclo pasado que mientras la población giraba sobre el orbe del denominó "años locos 20" tras una prosperidad económica que más adelante irradiaría hacia una burbuja especulativa, EE. UU., potencia emergente, en cuanto crecimiento productivo, presentaba requerimientos a una atenuada Inglaterra la anterior nación hegemónica, a la que en corta distancia desplazaría a través de la imposición del capital económico, financiero y militar.

En esta ocasión, según la óptica del especialista Nicholas Christakis[1], entramos en "los nuevos años locos 20" del siglo XXI, donde existe un desenfreno por vivir, debido a la etapa postpandemia, - la mayoría de la gente piensa que es loco vivir así, pero no lo es, - "lo que pasa es que estamos vivos en un momento en que hay un evento que ocurre una vez cada cien años." Esto ha sido un patrón que se ha repetido durante 20 siglos.

En esta cuestión, siguiendo con el paralelismo histórico, después de la segunda guerra mundial, el centro de gravedad productiva se trasladó de Europa a EE. UU., para luego a partir de los años 70 del siglo pasado, relocalizarse en el continente asiático, no obstante, la fuerza de capital financiero se afianzo en occidente para influenciar y monopolizar todas las transacciones monetarias a través de una sola moneda, el dólar estadounidense.

En el presente, los principales eventos geopolíticos de los últimos años han agrietado la ruta comercial, trayendo consecuencias, en cuanto deficiencia de respuestas por falta de desencaje entre los problemas emergidos y los criterios de gobernanzas actuales, para provocar cuestionamiento al orden internacional jurídico político económico gobernante.

De aquí en adelante, el trabajo presentado, aborda la globalización en su forma de direccionar a través del control de los nodos críticos de la cadena de suministro, y los ajustes sobre el arte del modelo de integración afines a cada bloque en disputa. El arco de seguridad y defensa para cercar militarmente a China, en un área que en términos de integración se encuentra en construcción, "detrás del cual se esconden distintas visiones en pugna, y, por lo tanto, dinámicas competitivas de poder."[2]

También, se plantea, los renovados criterios de libre mercado combinado con proteccionismo para revertir reglas que anteriormente fueron establecidas por los defensores del libre comercio, esta vez, requiriendo el traslado de la contienda a la Organización de Mercado Internacional, donde días tras días se realizan férreas discusiones en torno a introducir esa base de normas.

De igual manera, la temática muestra dentro de la dinámica de los acontecimientos, como las potencias confrontadas resguardan propósitos para securitizar el medio ambiente. Ellos en funcionalidad de controlar los escasos recursos estratégicos, necesarios intrínsecamente en toda contienda geoeconómica.

A la vez, se analiza las posturas de China para emerger como líder de un nuevo orden energético con países del medio oriente, atrayendo la determinación de impulsar su moneda -el yuan- por intermedio del commodity más importante del mundo, el petróleo. Además, los países del BRICS desde hace rato están apostando a una estructura global que haga contrapeso a la hegemonía financiera dólar-americana.

Sin embargo, establecerse en la dimensión financiera no resulta del todo fácil, pues en la actualidad el dólar estadounidense tiene gran parte de la reserva asignadas de divisas con un 59,79%, seguido por el euro con un 29,66%, y el yen Japones con un 5,26%., la libra esterlina con un 4,62% y el renminbi chino con un 3,31%.

Asimismo, otras situaciones serán expuestas sobre el recorrido del presente trabajo, embozadas en cuanto, el poder del Estado asociados a intereses totalmente dispuestos a conquistar o mantener el control sistémico del orden internacional.

CAMBIOS GEOESTRATÉGICOS EN LA DÉCADA DECISIVA

El escenario mundial se percibe escéptico frente el devenir de un acontecimiento inesperado e impredecible que pudiera traer consecuencia en gran escala, las constantes fricciones internas en las relaciones internacionales, dificultad y en ciertos grados obstaculiza la cooperación entre los estados, de modo que persiste observar el desarrollo de las innovadas geoestratégicas instrumentadas por las renovadas coaliciones de poder. En tal contexto, los dominios económico, militar, tecnológico y diplomático, devela el espacio donde se tensa el pulso competitivo dentro los principales actores y sus alianzas.[3]

Dos bloques enfrentados a favor de sus intereses esenciales, Occidente liderado por EE. UU., en asociación con la UE, Reino Unido, Japón y otros países contra el Oriente representado en economías lideradas por China y Rusia, más un conjunto de naciones. Se juega el todo o el nada.

En el pasado, la segunda guerra mundial enlazó a EE. UU., URSS, China, Francia y Reino Unido en la victoria contra sus oponentes Alemania, Italia y Japón, más adelante en los eventos de la guerra fría las potencias fortalecidas EE. UU., y la URSS pudieron convivir en el marco de un ambiente de agresiones sostenidas que diera las posibilidades a cada uno, para ganar afectos a favor de sus pregonados sistemas económico y social: el Capitalismo y el Socialismo. Sin embargo, EE. UU, pudo desintegrar a la URSS y establecer la hegemonía de la unipolaridad, mientras la ahora Federación de Rusia trataba de reorganizar cuestiones internas.

En el campo político, Vladimir Putin emerge como consecuencias de las transformaciones de la superestructura rusa, para comenzar una ruta de reclamos de su anterior estatus cultural territorial; Georgia, Crimea y Ucrania son algunas de esas manifestaciones geopolíticas, que acompasa con la posición de la OTAN de extender su línea de configuración hacia el lado este, en contravención de las promesas ofrecidas por sus principales voceros, en especial los EE. UU.

Paralelamente, en otro plano, pero no opuesto, la República Popular de China agenciaba los cronos en materia de desarrollo económico, avizorando el posicionamiento del país asiático a sus tiempos de potencia geoestratégica. la reforma iniciada por Deng Xiaoping dirimidas en acercamientos con occidente era muestra evidente de un cambio pragmático sobre su enfoque ideológico, para consagrar mediante resultados económicos y sociales la caracterización del socialismo al estilo chino.

Ahora en el presente, visto marco de fisuras y rompimientos en las relaciones internacionales, a la vez, que procesos conducentes a la lucha por el poder para la imposición de modelo de gobernanzas hacen comprender, que la guerra económica EE. UU-China, el Covid-19, Ucrania y la inteligencia artificial han provocado una disrupción funcional del sistema comercial, sirviendo la cuádrupla para promover la caída del orden internacional, a la vez, estos sucesos universales manifiestan quien controla los nodos críticos de las cadenas de suministros globales. De esta manera, el apuntalamiento de aliados en riesgo evidente de una policrisis es indispensable para evitar la dependencia del contrario, los shocks simultáneos y profundas interconexiones de amenazas pueden lograr que el impacto global supere con creces la suma de cada parte.[4]

Desde hace rato, en señal de las huellas reiteradas de la historia, se venía exponiendo que la fragmentación geoeconómica era evidente, ante la renuencia por parte de las potencias establecidas, para aceptar la introducción de nuevos criterios sobre el sistema comercial, por tanto, se estructuraron bases paralelas, a lo cual eventos causales conjugaron para la implosión del orbe a favor del reconocimiento de nuevas fuerzas emergentes de poderes económicos.

Tal efecto, percute a la globalización en su modelo asociado a la eficiencia, máxima comercial que llevo a deslocalizar los procesos productivos nacionales a otros países con la finalidad de reducir los costos nominales de la fuerza productiva y cargas impositivas.

China y otros países asiáticos, aplicándole las reglas pregonadas por el libre comercio fueron condicionados para transformar su modelo económico a procesos industriales, a lo que conformó centro de fábricas de producción de bienes y servicios para la satisfacción de necesidades, en su mayoría externas. Pero a la vez, logró sincronizar sorprendentes aportes internos en provecho de su crecimiento económico.

En este punto, es recomendable disminuir la marcha de la narrativa para exponer una visión de lo que representa China. En tal contexto, China pareciera que es el único país relevante que ha permanecido de pie ante el desorden del mundo, así lo observa Isabella

M Webber en su tratado "How China Escaped Shock Therapy" (Cómo China escapó a la terapia de choque)[5].

El considerable estudio afirma, que China no experimento los desgastes de la terapia de Shock; desregulación, privatización, recortes impositivos, austeridad en el gasto público y, sobre todo la transición de un sistema de precios regido por el estado a otro impuesto por el mercado. Que si afecto al bloque soviético y del Ex tercer mundo. Por el contrario, la terapia de shock en versión china fue originada del debate de sus elites gobernantes, en cierto modo voluntaria y no predeterminada como en los demás países.

Plantea Webber, que lo interesante del proceso chino durante esa época, es que todos competían dentro de un solo paradigma el desarrollo económico, pero a la vez sin detenerse generaban fuertes debates en cómo entender el desarrollo y el papel del estado en ese crecimiento. A pesar de las pugnas zanjadas entre ellos, éstas no alteraban fundamentalmente el curso de China. El resto es historia, esas discusiones trazaron a China en una ruta hacia un progreso extraordinario, para cifrar y adoptar un proceso de integración que en su pasado genético no le era ajeno, la globalización.

En tiempos recientes, la globalización ha mutado con respecto a su estética. En la década de 1970, bajo el patrocinio de los EE. UU., la globalización logró impulsarse a través del abandono del patrón oro, más aún con el establecimiento del petrodólar como moneda de referencia universal, para en 1980 entrar consolidada mediante el consenso de Washington y el fortalecimiento del libre mercado angloglobal. Gran apogeo de optimismo occidental que en fase unipolar se extendió desde 1989 con el arranque de las caídas de las economías comunistas hasta 2008, cuando estalla la crisis financiera de las hipotecas, que desató la recesión, y puso fin a la época de la hiperglobalización.

En el pasado, como en el presente, hitos en torno a la migración, la falta de empleo, la violación de derechos humanos y el cambio climático han servido para plantear la desglobalización de la economía, además los conflictos políticos actuales hacen surgir deslizamientos hacia esa postura.

La migración, es un problema mundial, cuyo origen está desanclado del panorama actual, a pesar de su encuadre en la globalización. Diversas formas, como tipos contextos socioeconómicos, culturales y otros, pueden ser examinados para comprender su complejidad que pasa por disciplinas, a saber: antropológica, jurídica, política, sociológica y económica. Desde este última, se visiona que las causas de su manifestación es la sustitución de las actividades productivas por otras o la desaparición de la estructura laboral. La población ante la necesidad, de manera forzada se moviliza dentro de las fronteras o fuera de ellas, - entrada (inmigración), salida (emigración)-.

De manera general, según datos de la Organización Internacional para las Migraciones OIM, para principios del siglo XXI alrededor de 175 millones de personas, incluido 10.4 millones de refugiados residían fuera de su país de origen, en otro vocablo, 1 de cada 35 personas en el mundo eran migrantes[6].En 2020, había en el mundo aproximadamente 281 millones de personas, una cifra equivalente al 3,6% de la población mundial, lo que es superior en 128 millones de 1990 y triplica con creces la de 1970[7].

La falta de empleo es otra consecuencia atribuida en parte a la globalización, pues, así como ella genera competencia entre las corporaciones, también motiva cierres, deslocalizaciones y ausencia de vacantes. La fragmentación de la economía ha propiciado la desigualdad de un país a otro. Para 2022 el déficit laboral ascendió a 473 millones de personas, contando que 2.000 millones de trabajadores están en el área de la informalidad y 214 millones viven en condición de pobreza extrema por percibir menos de 1.90 dólares al día[8]. Se estima que 164 millones de trabajadores son trabajadores migrantes lo que representa casi el 5% de la fuerza mundial de tareas[9].

La violación de los derechos humanos, parte que las empresas multinacionales han acrecentado su poder sobre la economía, para estimular el sometimiento a desahucios forzados, a un acceso inadecuado a la educación, a tratamientos sanitarios básicos y la exposición a terribles condiciones de trabajo[10]. En categorías de protección de derechos humanos el entorno de las relaciones de producción se extiende a los derechos a la igualdad, dignidad y no discriminación, los derechos a la salud, a la alimentación y a la vivienda, el derecho al trabajo, el derecho a la propiedad, el derecho de los pueblos indígenas a la cultura y el desarrollo.

El cambio climático, que relaciona los problemas de medio ambiente ocasionado por el abuso en los procesos productivos para afectar las condiciones del planeta. Hace más de dos décadas, la Comisión Económica para América Latina y el Caribe (CEPAL), advertía que la globalización estaba produciendo múltiples efectos en la sostenibilidad ambiental[11]. La visión del ente de Naciones Unidas en el impacto mundial indicaba que la escalada de crecimiento y acumulativa de la actividad humana era responsable del calentamiento global, el adelgazamiento de la capa de ozono, la merma de la biodiversidad, y el avance de la desertificación y la sequía.

Para el continente americano, la perspectiva cepalina señalaba que la globalización y la dimensión ambiental explicaba el fenómeno de los cambios registrados en los flujos de comercio, inversión y tecnología en la región, pues su dependencia a la explotación de recursos amenazaba su vulnerabilidad ambiental.

En la actualidad esas indicaciones se han acumulado hasta alcanzar presiones geopolíticas ante la evidencia de obtención de recursos estratégicos para afrontar los grandes desafíos geoeconómico, "la región se reprimarizó entre 2000-2020: el grado de dependencia de los recursos naturales aumentó, con exportaciones de biomasa y minerales que ganaron participación respecto a las de combustibles fósiles"[12]. Por ello, el acercamiento de la cadena de suministro es causa que tiende a valorar los organismos y los agentes económicos para evitar desencadenar peores percepciones del mundo a la globalización.

Sin embargo, la sociedad no se dirige a una desglobalización total, sería ilusorio pensar en esa ruta, la globalización continua, solo es un proceso de ajuste a una nueva era geoeconómica, la cual progresivamente determina que otros procesos pueden integrarse a su modelar comercial. Sin obviar que la compleja interconexión de la cadena de suministro globales anula su desaparición del ruedo internacional.

Aunque, debido a la reinversión de poder en la gobernanza comercial, el avance de la consagración de nuevas alianzas haga girar a la globalización a estructuras afines a la regionalización, es decir cadenas de suministros regionalizadas pero globales, donde se evite aminorar los daños, ante un posible salto de eslabones como causa de prolongadas tensiones estatales.[13]Por lo que el criterio de la eficiencia conforme parte fundamental de la producción debe engranar en la relocalización de las industrias, para retomar los procesos productivos a sus países de orígenes, en otros casos acercar la productividad a zonas menos distantes.

Lo antes comentado, desaplica la estrategia comercial del "Just in Time", (justo a tiempo), la cual desde el siglo anterior al actual impuso principalmente una serie de localizaciones para separar los procesos productivos de acuerdo con las cantidades necesarias y justo a la medida en que son demandadas.[14] Así, con este método se constituyeron grandes fábricas industriales en determinados estados y regiones, entendiendo, que la maquinaria de las corporaciones transnacionales puede ser instalada en cualquier parte del mundo.

Para explicar en términos practico el "Just in Time", sin que esto no aplique a una variedad de productos, es referente el caso del iPhone, el móvil estrella de la megaempresa Apple que según estimaciones se encamina a superar los 3.000 millones de unidades desde su lanzamiento en 2007. La mitad de su producción se estableció en la ciudad de Zhengzhou, China, cuando su principal mercado y origen de capital son los EE. UU. Agregando, que el gobierno corporativo en ese espacio territorial es controlado por la sociedad taiwanesa Foxconn.

No obstante, debido a los cambios en las relaciones internacionales, el método resulta ineficiente principalmente para occidente, por lo cual se requiere adaptar el "Just in Case" (por si acaso), "se ha pasado del abastecimiento cuando es necesario a acelerar las producciones y contar con inventarios más grandes y completos preparados para una respuesta rápida en los centros de distribución[15]".

Siguiendo el ejemplo anterior, para acortar la distancia de la cadena de producción y apuntar a los aliados, Apple ha decidido iniciar el traslado de sus unidades a la India y Vietnam que no abarca solo fábricas, sino también sus proveedores, así como su gama de artículos más allá del iPhone; los auriculares Airpods y los beats.

EL ARCO DE SEGURIDAD Y DEFENSA PARA CERCAR MILITARMENTE A CHINA

El caso Apple, para occidente, también muestra el rol de la seguridad en centro de la geoeconomía, pues ella va enlazada a la defensa militar, en tanto desviar las redes de suministros a países aliados y controlar algunas etapas vitales de la producción, así, en cuanto, custodiar y garantizar el intercambio comercial con las alianzas apuntaladas. El arco de seguridad y defensa contra China es el claro ejemplo de cómo se puede afirmar las intenciones de las asociaciones de integración con los hechos en la práctica.

Actualmente, la estructura de cooperación que rodea militarmente a China está conformada por AUKUS, Five Eyes y el QUAD.

AUKUS

La asociación de seguridad trilateral AUKUS (acrónico de Australia, Reino Unido y Estados Unidos), es un pacto anunciado el 15 de septiembre de 2021, vía teleconferencia por el Presidente Joe Biden, así como los primeros ministros Boris Johnson y Scott Morrison. Constituye una alianza de cooperación de defensa entre los tres países para abocarse a la adquisición y desarrollo de submarinos nucleares. Busca a convertir a Australia en la séptima potencia con esas características, solamente comparable con EE. UU., Rusia, China, Reino Unido, Francia e India.

Aunque no se especifica en el anuncio de AUKUS, el acuerdo es considerado otro instrumento adicional para contrarrestar la influencia de China en la región del Indo pacifico, a la vez, afecta a Francia pues, la nación gala había pactado con Australia la venta de submarinos convencionales por orden de los 55.000 millones de euros.

FIVE EYES

El Five Eyes (cinco ojos), es la alianza de inteligencia y espionaje más extensa del mundo, que incluye a EE. UU., Canadá, Australia, Nueva Zelanda y Reino Unido. Los aludidos miembros se comprometen a través del acuerdo, recopilar y compartirse el material sensible de información obtenido por medio de sus métodos, de igual modo pactan el compromiso a no espiarse entre ellos.

Esta coalición, se inicia en la segunda guerra mundial, cuando Londres y Washington acordaron descifrar las comunicaciones del bloque enemigo, dando origen a el tratado AUKUSA, al que más adelante se unieran los tres restantes miembros actuales. En la actualidad se especula que este club con delimitada colaboración puede estar ampliado por Japón, Corea del Sur, India y Alemania.

QUAD

Es la cooperación diplomática y militar integrada por EE. UU., Japón, Australia e India. El Dialogo de Seguridad Cuadriteral (QUAD), se mantiene como un foro de intercambio de información estratégica y ejercicios de defensa en los espacios geográficos de sus miembros. Esta reunión interestatal comenzó en 2007 y reactivada diez años después en 2017, durante la cumbre de la Asociación de Naciones de Asia Sudoriental (ASEAN), en Manila, Filipina.

Además de estos acuerdos, que incluye AUKUS, Five Eyes y QUAD, los EE. UU. mantienen tratados bilaterales en materias complementarias o similares a los tres anteriores, a saber, Japón, Corea del Sur y Filipina con quien conforma el Pacto Mejorado de Cooperación en Defensa (EDCA) ha permitido la instalación de cinco bases militares, para sumar nueve con las ratificadas el 2 de febrero de 2023.

Todos estos tratados de seguridad y defensa están articulados sobre un actor en común, China. A lo que el gobierno chino ha reaccionado para enfatizar:

> "que la "Estrategia sobre el Indopacífico" inventada por Estados Unidos tiene como pretextos la "libertad y la apertura", pero está obsesionada con buscar aliados para crear "pequeños círculos"; y ha afirmado "cambiar el entorno que rodea a China", con la intención de asediar y contener a China y hacer que los países de Asia-Pacífico actúen como peón de la hegemonía estadounidense[16].

De otra manera, el gobierno estadounidense ha formulado el documento " El enfoque de la administración hacia la República Popular de China", enunciado por el Departamento de Estado, en el cual, señala a Vladimir Putin como una amenaza clara y actual, pero a la vez, destaca que el mayor desafío a largo plazo lo representa China, siendo que el gigante asiático, "es el único país que tiene tanto la intención de redefinir el orden internacional como el poder económico, diplomático, militar y tecnológico para hacerlo"[17]. El punto central de la estrategia definida "invertir, alinear y competir" afirma, que China es la relación más compleja y con mayores consecuencias para los EE. UU. en la era moderna. Asimismo, hace críticas a su comportamiento, para socavar los principios, las leyes, los acuerdos y las instituciones de un orden internacional que hizo posible su éxito.

Para neutralizar a China, según el documento referenciado, EE. UU. invertirá en su fortaleza basada sobre la competitividad, la innovación y la democracia, a la cual alineará los esfuerzos con su red de aliados y socios, en un competir con China para defender sus intereses y la construcción de su visión a futuro.

Sin parpadear, Pekín reaccionó a este documento, para acusar, que el propósito es contener y reprimir el desarrollo de China para mantener la hegemonía estadounidense.[18] La respuesta diplomática, señala un sensacionalismo estadounidense sobre la construcción de "una amenaza de China" que según, no puede resolver sus problemas internos y solo llevará al mundo a un abismo peligroso.

También, la declaración cuestiona el denominado "orden internacional basado en reglas" exigido por los EE. UU., al mencionar que es solo un conjunto de "reglas internas" establecidas por los EE. UU. y un puñado de otros países para mantener el llamado "orden internacional" donde Washington siempre antepone su derecho interno al derecho internacional y eligen de manera pragmática las normas internacionales como mejor le parezca. Por lo que, las relaciones entre los dos países se encuentran en una encrucijada, ¿Antagonismo y confrontación o diálogo y cooperación?

LIBRE MERCADO COMBINADO CON PROTECCIONISMO INDUSTRIAL

Aunque suene contradictorio, la combinación de libre mercado con el proteccionismo industrial es la nueva modalidad que las potencias occidentales han planteado para enfrentar a sus adversarios orientales, siendo tal fusión no alejada de su vigencia en todos los tiempos, solo condicionada por circunstancias y épocas, la cual resulta aplicada también entre sus socios y más aún en sus rivales competitivos.

El economista Ha-Joo-Chang, en la conferencia sobre "La Mundialización y el Mito del Libre Comercio" celebrada en la New School University de New York en 2003, introdujo la ponencia "Patada a la escalera: La verdadera historia del libre comercio"[19]. En este ensayo, Chang refuta la creencia construida por economistas y organización mediáticas para establecer irrefutablemente en la teoría económica la superioridad del libre comercio, ya que fue mediante este modelo de mercado que todos los países en desarrollo se hicieron poderosos.

En respuestas, Chang toma como ejemplos a Gran Bretaña y EE. UU., dos países que son catalogados como los países que lograron alcanzar la cima de la jerarquía económica adoptando políticas de libre comercio, mientras otros practicaban obsoletas medidas mercantilistas, cuando en realidad ellos en sus inicios de desarrollo fueron patrocinadores de intervencionismo y protección de su industria a través de subsidios, aranceles de aduanas y otros mecanismos.

Actualmente, el proteccionismo industrial que nunca desaparece sobre la implementación de medidas políticas y económicas, resurge su rol protagónico en los referentes de la fragmentación geoeconómica, lo ilógico en la creencia teórica es que se formula de parte de EE. UU, quien aprobó en agosto del 2022 la Ley de Reducción de Inflación (IRA), la cual contiene paquetes de fondos millonarios destinados a subvenciones, incentivos y préstamos a corporaciones en suelo estadounidense que promocionen tecnologías verdes.[20] Analistas, consideran que la ley podría tener tanta trascendencia como la obtuvo el Plan Messmer, que es considerado el proyecto de seguridad y descarbonización más exitoso del mundo, el cual logró pasar a Francia a la energía nuclear a mediado de los años setenta del siglo pasado.[21]

Pero este ejemplo, no solo atañe a EE. UU., su socio la UE ha criticado las políticas de Washington, al empezar a perder la paciencia por las cantidades de voces que muestran preocupaciones ante las distorsiones a la competencia comercial entre sus aliados.[22] Quienes también han aprobado leyes proteccionistas a favor de su modelo alternativo de energía fósiles, no obstante, el caso Ucrania, derivativo del bloqueo al gas ruso los hace dependiente de EE. UU., quien ahora controla gran parte de suministro de GNL en Europa.

Desde otra perspectiva, China abanderada en estos nuevos tiempos de políticas de libertades empresariales, ha sido reiteradamente señalada de intervenir directamente en los asuntos corporativos de la economía y apoyar la práctica desleal de la producción. Especial énfasis atañe a las acusaciones que por años ha puntuado sobre el Partido Comunista Chino (PCCh), ahora actualizadas con la conducción del presidente Xi Jinping.

El informe "China and new Globalization", expuesto por Franklin Kramer para el Atlantic Council,[23] describe el perfil de la política económica de China como "Política de mando", donde el Estado y particularmente el PCCh tiene la administración de la producción. Para apoyar este enfoque, el reporte apunta la opinión de Dexter Robert, quien afirma:

> Beijing tiene la intención de fortalecer el control sobre las empresas privadas y la inversión extranjera, reservando partes fijas de su mercado para tecnologías producidas localmente, como chips semiconductores y baterías de vehículos eléctricos, e impulsando el papel de las empresas estatales. Todo es parte de lo que puede considerarse una nueva forma de capitalismo de estado, definido por un enfoque de arriba hacia abajo de la economía que presenta políticas industriales dirigidas y apoyadas por el gobierno con el objetivo de crear un país mucho más autosuficiente.

Asimismo, el referido documento, presenta la estrategia indicada, como un - Mao requisito de la época "todas las empresas deben perseverar en poner la política proletaria al mando y el trabajo ideológico y político en primer lugar".

De igual manera, Robert analiza el control que asume el PCCh en el desarrollo corporativo del gigante asiático, según "El China Pathfinder", un proyecto de colaboración para rastrear la convergencia o divergencia de China con respecto a las normas de la economía de mercado abierto. Señala:

- El 43.6% de las diez principales empresas en china son estatales, en comparación con el 2% de las economías de mercado.

- China está buscando un grado mayor de autosuficiencia por medio de su estrategia de doble circulación; reducir las exportaciones-impulsar el consumo interno.

- China es la economía que más gasta en subsidios a su industria en todo el mundo, en términos de PIB, duplica el monto de Corea del Sur que es el segundo mayor gastador.

- En cada empresa privada o pública funciona un establecimiento del PCCh para implementar los principios y políticas del partido.

- El Estado mediante la adquisición de acciones de oro puede llegar a controlar el poder de veto sobre los cambios de los estatutos sociales de las empresas, a la vez impedir que otros accionistas posean más de una proporción particular de títulos ordinarios de la empresa.

- La doctrina de fusión militar-civil de China pone en serios aprietos a las economías rivales, pues su participación en esa industria podría respaldar un gran avance del desarrollo del Ejercito Popular chino.

En resumen, las dos posiciones reveladas, muestran variantes de la participación del proteccionismo del Estado en la nueva época empresarial. Dichas expresiones son antagónicas en su modelo de desarrollo, pero vinculadas con relación a su participación en la globalización. Ambas coinciden en que el proteccionismo es base permanente en las relaciones de producción de cada país, en las cuales tiende a operacional formulas pragmáticas que se contrapone muchas veces a enunciados teóricos asumidos como propios.

LA SECURITIZACIÓN DE LOS RECURSOS AMBIENTALES

Respecto al medio ambiente, la securitización protagoniza el mantra que recorre las percepciones de las grandes potencias con fines argumentativos a la solución de las problemáticas del deterioro planetario. Lo paradójico de poder dictaminar retos para proteger la esfera ambiental, es que la gran mayoría de ese daño ha sido causado por ellos mismos, es decir los países industrializados, por lo cual son magnos responsables del actual desastre ambiental.

En ese sentido, "El Informe Riesgos Globales 2023", ubica cinco riesgos ambientales en el ranking de los diez para dos años, en cuanto a riesgos para diez años, los primeros cuatro corresponden a daños ambientales.[24] El enfoque del crecimiento económico es parte imputada por esta bomba en suspenso.

El anterior indicativo de problemas refleja una y otra vez, la vulnerabilidad a que está sometido en fragilidad las condiciones del astro tierra, para llegar explorar "la posibilidad de ocurrencia de un acontecimiento o condición que, en caso de producirse, afectaría negativamente a una proporción significativa del producto interior bruto, la población o los recursos naturales"[25]. Admitida esta observación, no es necesario profundizar en estudios para concientizar que las aludidas predicciones continuamente se proyectan más cercanas.

Del mismo modo, el abuso generado en la ecología por la manipulación humana puede devenir en trasformaciones de partículas reducidas a potenciales riesgos globales, como consecuencia, a su alto impacto para propagarse rápidamente sobre el planeta.

En la espera del punto de inflexión de la confrontación de bloques, el medio ambiente factoriza como enclave de poder, en torno a la obtención de recursos estratégicos, cada vez más escasos.

Ante la fuerte tensión geopolítica que marca la fragmentación geoeconomía, la securitización de los recursos naturales, basa la atención de las grandes potencias mundiales, siendo su acceso limitado la justificación para darse los principales conflictos armados. Acontecimientos que se han escenificados en las últimas seis décadas sobre las dos terceras partes de la biodiversidad del mundo, para en contradicciones presentar una amenaza a la conservación del ecosistema.

El planteamiento analizado, se enmarca en la denominada "triple crisis planetaria", es decir el cambio climático, la contaminación y la perdida de la biodiversidad. "El informe la ventana de oportunidad se está cerrado" del Programa de Naciones Unidas para el Medio Ambiente[26], expone que los esfuerzos asumidos por los países para mejorar la brecha en las emisiones de gases son insuficientes a escala mundial. La negativa a la adopción de medidas adicionales a los objetivos comprometidos, calculan los especialistas que a lo largo del siglo XXI podrá llegar el calentamiento global a 2.8°C.

Lo manifestado es solo un ápice de las serias dificultades afrontada por los pueblos del mundo, aun cuando la cuenta a pagar es asimétrica, siendo que el problema deviene de las naciones desarrolladas, en especial de China, EE. UU., India, Rusia y Japón causantes en combinación de la mitad del Co2 producido a nivel mundial[27]. No obstante, la seriedad de esta cuestión ha servido como agregados del discurso promovido en la agenda de seguridad para configurar de modo creciente la securitización del medio ambiente.

La securitización es parte de los postulados teóricos que en las últimas décadas han patrocinado la inserción de asuntos en la agenda de seguridad llevada por Naciones Unidas. Dicha ampliación ha sido elaborada enfatizando la naturaleza política e intersubjetiva de la seguridad. La llamada Escuela de Copenhague en la representación de Barry Buzan, Ole Waever y Jaap de Wilde, determinaron que la seguridad es un tipo particular de política exportable a un vasto abanico de temas susceptibles de ser securitizados[28].

Este enunciado defendido por grandes poderes ha calado sobre una audiencia legitimadora, para permitirles tomar cualquier objeto de referencia (agente securitizador) en función de construir discursivamente una situación de riesgo que amenaza su propia existencia. Aun cuando no sea aceptado la propuesta, el simple intento la establece como movimiento securitizador.

El tema abordado, es bastante extenso, pero sus proponentes han especificado su definición para estipular que la securitización ambiental "se preocupa por el mantenimiento de la biosfera local y planetaria como el sistema de soporte esencial del cual dependen todas las actividades humanas". De esta manera se infiere dentro de la lógica globalista, que es deber actuar para cambiar el curso de los acontecimientos y asegurar la supervivencia de la naturaleza y la sociedad a través del uso de poderes de emergencias asociados con la seguridad nacional.

De esta manera, cada vez emergen corrientes ideológicas que toman cualquier elemento de valor material ambiental para tratar de trasladarlo a la securitización, afines de politizar sus efectos más allá de las reglas preestablecidas. La escasez de los recursos estratégicos es el motivo para dar entender esas señaladas acciones humanas, orientadas a constituirse en caldos de cultivos para la proliferación de conflictos en todas las dimensiones.

Asimismo, el actual modelo de desarrollo que prepondera el crecimiento sobre la base de la explotación ambiental, en estos momentos resulta vital para los intereses de las avivadas luchas geopolíticas, a la vez que tiende a proyectarse como imposible sustitución en corto plazo, pues a medida que aumentan las pugnas en los mandos, es inamisible no depender de la fuerza que garantiza la administración de valiosos recursos estratégicos. Por lo cual la securitización, en tanto, ampliada para la obtención de los recursos estratégicos, responderá cada vez, a la continua y enrevesada fragmentación geoeconómica mundial.

LA INTERDEPENDENCIA EN UN MUNDO FRAGMENTADO

El modelo geoeconómico que actualmente gobierna las relaciones comerciales sigue el curso de la interdependencia compleja, es decir la dependencia mutua entre aliados, más allá de otras interconexiones. Las asimetrías manifiestamente generadas en dichos vínculos conllevan que pueden emplearse como influencias, no negando los caracteres de la asociación de intereses compartidos.

En tal orden cooperativo, los actores involucrados comprenden que abocarse sobre esta fórmula asociativa reduce la autonomía, por lo cual, los mismos podrán abordar en el camino si los beneficios de estas relaciones son mayores que los costos. A la vez que, comúnmente, en este tipo de acuerdos el poder traduce los resultados.

Realizar un planteamiento sobre la interdependencia en el contexto de las relaciones internacionales actuales, resulta determinar cuál bloque de alianzas podrá ensamblar con el devenir del nuevo establecimiento geoeconómico. Esbozando las características principales del constructo señalado, se tiene; la apertura de varios canales que ligan en los bloques de alianzas:

- occidente trata de reorganizarse en lo interno para mejor fluidez de la relación, siendo que EE. UU. impone liderazgo en lo interestatal, transgubernamental y transnacional, aun cuando parte de la UE su principal socio, en especial Alemania y Francia ejercen alta retorica para no caer en su dependencia prolongada.

- En el caso del bloque oriental, se compensan dos liderazgos, comprendiendo que Rusia se sitúa como un gran actor de fuentes de recursos estratégicos para el avance y desarrollo del mundo. Siendo esta su fortaleza vital, para tratar de armonizar con el ascenso vertiginoso de China, la cual en todos los espacios resalta su participación de manera super competitiva.

Los múltiples temas sobre la agenda, y la fuerza militar, son también aspectos de la interdependencia, occidente:

- intenta incluir la diversidad de temas cuando la realidad los enfrenta a evitar retroceder en la ruta de la consolidación de los intereses compartidos, la estructura armada de por sí, no define las relaciones económicas entre los aliados, pero incide en la percepción del bloque adversario. Lo excepcional de la relación de interdependencia en este bloque, es que el complejo tecnológico militar estadounidense permea en todos los círculos de la integración, para facilitar su acceso en el itinerario de la agenda, dejando en desventaja a la UE, la cual cada día busca la manera de contrarrestar esa sensibilidad extendida que vulnera sin lugar a duda la relación societaria.

Asimismo, en el bloque oriental no dejan de llevarse negociaciones extremas:

- la capacidad de respuestas de la estructura económica ha sido fuerte para contener la embestida brutal del bloque rival, la prolongación de la fragmentación visualizará los pronósticos de la sostenibilidad de la alianza que determinará su fortaleza o vulnerabilidad. Si bien, la interdependencia no es simétrica y excepcionalmente afecta a todas las partes por igual, entre China y Rusia existentes criterios de largo alcance para determinar lo más cercano posible los resultados de su alianza en el sentido de sus costos beneficios.

A la vez, oriente tiene componentes similares a occidente, pero distanciados en sus procesos políticos económicos, aun cuando pareciera que las diferencias de la coalición oriental pueden divergir para interponer frente a todo su enorme desafío, la multipolaridad.

LA CONFRONTACIÓN EN LA OMC

La Organización Mundial de Comercio (OMC), es el ente que se ocupa de las reglas que rigen el comercio entre los países. Sus funciones principales son administrar un sistema mundial de normas, funcionar como foro para la negociación de acuerdos comerciales, intervenir en la solución de diferencia entre sus miembros y atender las necesidades de los países en desarrollo.

Similar a la mayoría de las instituciones del sistema actual, la OMC ha sido cuestionada en su postura de adecuarse a los nuevos ciclos históricos del comercio. Al corriente de la situación, la doctora Ngozi Okonjo-Iweala, la primera mujer en ocupar ese puesto está consciente de su responsabilidad, y puso como metas al asumir el cargo, fijar un nuevo orden de prioridades y actualizar las normas, "una OMC que resuelva los problemas del siglo XXI". Objetivos que han estado presente en sus discursos desde mayo de 2021 cuando inició su periodo de gestión.

No obstante, en la OMC se lleva una férrea discusión para tratar de encajar el protagonismo de propuestas conceptuales a la legislación universal. Ahora se revierte criterios que en otros tiempos fueron establecidos por los defensores del liberalismo comercial. EE. UU., cada vez promueve fórmulas de proteccionismo, mientras que China insiste en mayor apertura de los mercados bajo el signo de la prosperidad común. Consigna que ha sido el remoquete discursivo de Xi Jinping para abogar a favor de la globalización, a la cual en la actualidad Liu He, el poderoso jefe de los asuntos económicos y financieros chinos ha calificado como reglobalización económica.[29]

Discurso articulado que sobre esa materia ha mantenido la retórica del líder asiático que gobierna beijing. En 2018, China publicó el libro blanco -las relaciones con la OMC[30]-, en donde dicta un resumen del cumplimiento de sus compromisos ante el máximo ente comercial mundial. En ese documento el país asiático defiende a Rajatabla" las leyes de la organización, asimismo destaca el calificativo de China como estabilizador principal y fuerza dinámica para la economía mundial.

Lo que más insiste China, la cual sincroniza desde años con las políticas de su gobierno, es apoyar la política de "más puertas abiertas al comercio exterior", donde la categoría "apertura" es la clave para el crecimiento económico chino bajo "el principio de los beneficios compartidos".

De esa manera, siguiendo su libro blanco y el discurso económico de Liu He, China defiende la globalización, y apuesta cada día por las reglas establecidas en la OMC., para ratificar que, debido a su inmenso desarrollo, con una política a lo externo de libre comercio, ha reinvertido la situación de poder, alterando el establecimiento político y económico. Por otro lado, confirma que abraza el bienestar global y la prosperidad común.

En ángulo opuesto, EE. UU. ha perdido capacidad para imponer su agenda global, aunque todavía tiene fichas que jugar en los espacios multilaterales. En particular en la OMC, EE. UU., insiste en seguir bloqueando la nominación de jueces de apelación para la resolución de conflictos. De ese modo, ha ocasionado que los temas esenciales a sus intereses se resuelvan de manera extra organizacional. Ejemplo, es el caso de los aranceles al acero y el aluminio que inició la administración Trump contra la producción proveniente principalmente de China y la Unión Europea. El sonado asunto fue recurrido por los afectados ante la instancia jurisdiccional de la OMC, aun cuando el fallo de diciembre de 2022 dio la razón a los demandantes,[31] la sentencia surte poco efecto en la práctica, pues EE. UU. recurrió al órgano de apelación,[32] el cual en este momento se encuentra paralizado por el veto de ese país para nombrar nuevos magistrados.

Además, la administración Biden a través de convenios bilaterales resolvió las disputas abiertas antes de que la OMC debatiera sobre ellas,[33] cuestión que Trump había apaciguado con China, cuando Washington y Beijing en enero de 2020 suscribieron un histórico acuerdo comercial.[34]

El mencionado caso, es solo parte del debate coreado en la OMC, que ha calado con efervescencia sobre la opinión pública, en especial a partir de 2021, cuando se cumplieron 20 años de la entrada de China a la OMC. Mucha de esa retorica ha versado en torno a la contención del desarrollo económico de China, la cual, la contraparte de potencias esperaba que, con su ingreso a la organización comercial, la nación oriental se amoldará a las reglas aprobadas por occidente.

En aquel momento, las economías avanzadas encabezadas principalmente por EE. UU, la UE y Asia, consideraron que China, conforme se desarrollara culminaría transformándose en una democracia liberal con una economía de mercado similar a las occidentales, como habían hecho antes Japón y Corea del Sur.[35]

Definitivamente, China cambio, pero a favor de su economía, por una parte, logró su gran objetivo acceder al circuito de las cadenas globales de valor, por otra, ejercer rol protagonista en el comercio internacional, para pasar en apenas 15 años con una participación de 3.5% hasta consolidar el 13% del total mundial, convirtiéndose en la fábrica del mundo.[36]

Actualmente, China como segunda potencia mundial en termino de Producto Interno Bruto (PIB) después de EE. UU., en casi todos los aspectos supera a las demás potencias económicas, lo que engendra grandes desafíos para occidente en su competencia estratégica con el oriente. Siendo que la cooperación es prácticamente imposible, dentro de unas relaciones interestatales vistas por ambas partes a través del prisma de la seguridad nacional.[37] Aun cuando en la OMC, el impulso estadounidense es superior para incluir su criterio de seguridad nacional, China también con pulso hace valer su posición de potencia.

De esta manera, Washington reiteradamente ha invocado ante la OMC la ley de Expansión Comercial de 1962, la cual permite limitar las importaciones de algunos productos para proteger la seguridad nacional. Bajo esa argumentación han negado competencia a la OMC para cuestionar la capacidad de un Estado miembro, en cuanto responder a las amenazas de su seguridad nacional. Sin embargo, sus excepciones de falta de competencia han sido repetidamente negadas.

En todo sentido, la OMC ha recomendado en cumplimiento del artículo XXI del "Acuerdo General sobre Aranceles Aduaneros y Comercio" de 1994, en concordancia con el articulo XIV del "Acuerdo General sobre el Comercio de Servicios" y el artículo 73 del "Acuerdo sobre los Aspectos de los Derechos de Propiedad Intelectual relacionados con el Comercio", que traer cuestiones de seguridad nacional a la OMC es incompatible con el propósito de los objetivos de la organización comercial, además que dichos petitorios son asuntos políticos no susceptibles de revisión, ni resolución por medio de solución de diferencia de la OMC.

NUEVO ORDEN ENERGÉTICO ORIENTAL

Durante décadas, el dólar estadounidense ha sido el magno soporte del poder hegemónico de EE. UU, a los que muchos no dudan en señalar, a la estandarización de la venta de petróleo como su principal causa. Lo que más adelante consolidó su superior enmarcaje en las transacciones financieras globales.

Hechos secuenciales que en materia de la historia responden a los acuerdos bilaterales suscritos entre EE. UU y el Reino de Arabia Saudita en los años 70s del siglo XX, sobre los cuales, los norteamericanos comprarían gran parte de la producción saudí, a cambio que estos, a través de los dólares recibidos adquirieran bonos del tesoro americano. Todo garantizado bajo la protección conferida al poderoso "aparato industrial militar".

El referido pacto de seguridad y defensa a cambio de petróleo logró influir en los demás países de la OPEP, para cotizar el principal commodity mundial a través de una sola moneda, el dólar estadounidense, surgiendo en la economía el termino petrodólar, que en la práctica comercial se utiliza cotidianamente.

En concatenación con otros hitos, la fortaleza del dólar ha otorgado a EE. UU., grandes ventajas frente a los demás países del mundo, ya que siendo su moneda la primordial de la reserva global, esta nación puede pagar tasas más bajas a los activos en dólares, permitir enormes déficits comerciales, reducir el riesgo de tipo de cambio, así como favorecer a la banca estadounidense para lograr mayor acceso al financiamiento en su misma moneda.[38]

A modo de realinear el mercado energético, siguiendo con exactitud los pasos que dio EE. UU. para conseguir su estatus financiero, el presidente de China XI Jinping, asistió a la Primera Cumbre China-Estados Árabes y, a la Primera Cumbre del Consejo de Cooperación China-Golfo (CCG). A la par, realizo una visita de Estado a Arabia Saudita.

En sendas reuniones, el mandatario chino enmarcado "para construir sobre el pasado, y lo más importante para abrir un nuevo futuro"[39] se comprometió a seguir fortaleciendo los lazos de amistad con el pueblo árabe, haciendo énfasis que el comercio bidireccional superó los 230 millones de dólares, y las importaciones de crudo de china sobrepasaron los 200 millones de toneladas.

Respecto Arabia Saudita, el presidente chino afirmó, estar dispuesto a elevar la asociación estratégica a nuevas alturas, resaltando que las relaciones diplomáticas y económicas entre ambas naciones han mantenido un sólido crecimiento, para decididas a emprender una estrecha de coordinación estable. De tal manera, en ese encuentro firmaron acuerdos comerciales por un valor estimado de 30.000 millones de dólares. Asimismo, estas relaciones hacen plantear la creación de una zona de libre comercio entre China y los países del golfo pérsico.

Para especialistas, la visita de Xi Jinping a ese evento marcó el nacimiento del Petroyuan, pues "China quiere desdolarizar partes del mundo después de que el estatus dominante de la moneda se usó contra Rusia[40]".China, con toque de revisionismo, basándose en su poder de fuerza económica aspira transcribir nuevas reglas energéticas al mercado petrolero, para ello, desde su posición de gran importador de crudo, necesita acercar a su modelo de desarrollo a el Reino de Arabia Saudita, quien suministra la cuarta parte de sus compras externas.

Para presionar la situación, China cerró con Qatar un acuerdo de 4.000.000 de suministros anuales de GNL durante 27 años, el cual es considerado el contrato más largo de la historia sobre ese rubro comercial. Además, permite el control de intermediario al gigante asiático, pues el mundo dependerá en gran medida de esa nación para revender cargamentos[41].

Pero, avanzar sobre este proyecto de instauración de un nuevo orden energético, es de arte y malabarismo, ya que Arabia Saudita mantiene sus compromisos con el conglomerado industrial tecnológico militar estadounidense, el cual garantiza seguridad y defensa a Riad en todo su espacio, en especial contra un enemigo común Irán. Destacando, que el reino saudí después de la India es el principal importador de armas del mundo, y el mayor del medio oriente, donde

EE. UU. suministra el 78% de sus compras, cuya factura de alta gama incluye aviones de combates, misiles y bombas.[42]

Sin embargo, pese a los compromisos con la industria armamentista, Mohamed Bin Salman, MBS, el príncipe heredero, quien ha sido cuestionado por el gobierno estadounidense, ha declarado su disposición de comercializar con China en términos de contratos pagados en yuanes. A la misma vez, envía mensajes claros a Washington "¿Dónde está el potencial en el mundo de hoy?". "Está en Arabia Saudita, y si quieres perdértelo, creo que otras personas en el Este estarán súper felices".[43]

Ahora con el acuerdo Arabia Saudita- Irán, negociado por China en marzo de 2023, puede darse pasos importantes afines a la aproximación de la paz entre dos países antagónicos en política y religión, creando bases para una doctrina de paz china en el medio oriente. Además de modificar el equilibrio de poder regional que seguramente consigue impactar en definitiva para la remodelación del orden internacional.

Habrá que esperar la respuesta de Washington, quien ha sido duramente criticado tanto interno por sectores políticos e industriales, así como de manera externa mediante las preocupaciones de sus aliados para mantener tensiones contra principales "llaves del cartel petrolero". Del mismo modo, las respuestas de la OPEP para evaluar su panorama en cuanto evitar la disminución de su poder de influencia en el área vital del mantenimiento del sistema mundial.

LA GLOBALIZACIÓN COMO BANDERA GEOECONÓMICA ASOCIADA AL ORDEN DEL DESARROLLO ECONÓMICO

La crisis financiera generada tras la caída del Silicon Valley Bank (SVB), en EE. UU., ha puesto desafíos a las autoridades de ese país para prevenir y controlar la alta fuga de dinero de su sistema financiero, - solamente el jueves 9 de marzo de 2023 los depositantes ascendieron a retirar 42.000 millones de dólares[44]- Sumada al colapso del Credisse Suisse el segundo banco más importante de Suiza, y las implicaciones que seguramente a futuro recaerá sobre el resto de las entidades del mercado mundial, demuestra una vez más el alcance de las intercomunicaciones comerciales para incidir en la esfera global.

Cuando Davos el más impactante foro económico para marcar el rumbo de los retos del planeta titulaba "Crear un futuro compartido en un mundo fracturado" en 2018, diversas voces predecían que el escenario actual devenido de "la fracturación a la fragmentación mundial" era cuestión de tiempos. Desde ese anuncio hasta el presente las miradas se han abocado a la globalización, y la manera de encontrar la forma de rediseñar su proceso comercial, no para aludir a la desglobalización, sino impulsar medidas de adopción a los nuevos fines geoeconómicos.

De esta manera, en el mundo se fueron dando eventos geopolíticos que más adelante determinaron la incertidumbre asediante al momento contemporáneo - enfrentamientos entre bloques de potencias y sus aliados-. Sin prever, que en corto tiempos otros hechos puedan atomizar las actuales circunstancias reinantes.

Por ello, la globalización como proceso multidimensional, en concurrencia a gravitar aspectos internaciones de índole jurídicos, económicos, sociales, ambientales y culturales sobre aquellos de carácter nacional o regional tiende a tomar enorme importancia, en especial para las potencias económicas, las cuales pueden ejercer influencia, en cuanto direccionar su ruta a objetivos enlazados a sus estrategias de seguridad y desarrollo.

Aunque, la globalización no fue inventada por occidente, en los últimos siglos debido al auge del capitalismo, derivado en sus distintas formas asociadas a los cambios consecuentes de las revoluciones industriales, la dominación angloestadounidense cimento los rieles por donde trazo la creciente internacionalización de sus productos y servicios, los cuales fueron condicionados a reglas e instituciones a fines a su modo de producción. Gobernada la globalización el recorrido se hacia mas expedito para los estadounidenses.

El mencionado modelo internacional, sin grandes obstáculos, facilitó el ascenso y consagración de EE. UU. como primera potencia mundial en lo económico, político y militar, logrando en corto tiempo, -siendo una antigua colonia inglesa, - desplazar a las naciones representativas del eurocentrismo, que habían fortalecido sus economías en el pasado, a fuerza de la extracción de materiales provenientes de sus colonias.

Este fortalecimiento de EE. UU, se ejecutó sobre el planteamiento del desarrollo como expresión científico teórica emergida durante el siglo pasado, la cual propuso la intención de esbozar los procesos conducentes a satisfacer las necesidades de la sociedad. Encomienda que la ONU a través de su carta fundacional, universalmente legalizó, cuando estableció que la organización debía promover "niveles de vida más elevados, trabajo permanente para todos, y condiciones de progreso y desarrollo económico y social.[45]"

Ese enfoque del desarrollo pudo calzar en términos de ventaja en EE. UU, pues al no contabilizar daños en sus infraestructuras durante el conflicto mundial, a excepción del ataque japonés a la base naval de Perl Harbor en el estado de Hawái el 7 de diciembre de 1941, ese país logro entrar concentrado hacia una fase de aceleración productiva en cuanto innovar en los sectores de defensa, tecnología y energía. Para expandir su crecimiento económico sobre una economía de guerra.

De esta manera, a partir de 1950 según Erick Hobswawn,[46] EE. UU., va a ocupar casi dos tercios de la producción industrial mundial; aun cuando más adelante entre 1950 y 1973, los norteamericanos no crecieron al equivalente ritmo acelerado de otros países como Alemania y Japón. Ellos pudieron establecer un sistema de finanzas que arropó los espacios de la industrialización para consolidar su modo de producción en torno a las bases del capitalismo financiero.

En ese contexto, el desarrollo se expandía en el mundo entre puentes extendidos a las trasnacionales estadounidenses, las cuales agrupadas en corporaciones de capital privado y respaldadas por su gobierno federal instalaban infraestructuras sobre acordados espacios geográficos. Como de esperar, esas zonas de influencia podían circundar aspectos, económicos, culturales, militares, y de otras índoles relevantes a sus dimensiones de política exterior.

Este esquema desarrollista, casi en definitiva fue montado sobre la teorización moderna de Walt W Rostow[47], la cual propuso que todos los países llamados subdesarrollados debían recorrer el mismo camino transitado por los desarrollados para llegar a la etapa ideal, la sociedad industrial moderna. Estas etapas en su orden son:

1) La sociedad tradicional abocado sobre una economía agraria en la que predomina técnicas de auto subsistencia con baja productividad y escasa tecnología;

2) la creación de condiciones previas necesarias para el despegue, concerniente en superar la situación tradicional para incrementar un capital social fijo que incida en el aumento de la productividad y la capacidad tecnológica, afines de expandir las importaciones, y reinversionando en los sectores claves de la economía;

3) El despegue, simboliza el crecimiento rápido de la economía para alcanzar cambios culturales que superen el tradicionalismo por el modernismo;

4) la marcha hacia la madurez, cuya etapa impone la tecnología a todo el conjunto de recursos disponibles para provocar modificaciones a la

estructura social en cuanto a la disminución de la población rural y la fuerza de trabajo, asimismo en función de aumentar el consumo y la especialización de las profesiones y oficios técnicos;

5) la era del consumo de masas, representativa de la etapa que consolida el sector servicios como el elemento dominante dentro de la estructura general de la economía, el cual conllevaría a un aumento de las importaciones de bienes de consumos sobre aquellos de primera necesidad.

Así como en lo externo, la política desarrollista de EE. UU. impactaba sobre gran parte del mundo, en lo interno, también modelaba esquemas afines a posesionar a los grandes conglomerados industriales, que a decir de John Kenneth Galbraith[48], el tamaño les faculta para poseer y controlar la mayor cantidad de capital y para dirigir y movilizar el número requerido de especialistas que requiere la tecnología.

Este fortalecimiento corporativo les permitió a sus empresas volcar sus horizontes en las diversas ramas de la economía, para dominar o complementar gran parte de la cadena de suministro mundial. Solo en EE. UU., cincuenta compañías abarcaban por encima del tercio de los recursos proveniente de la producción manufacturera y de ellas el 5% empleaba el 12% del capital usado en toda la industria.

Dichas formas societarias, no eran nuevas en ese país, pero generaban influenciar el núcleo de la estructura económica, para actualizar componentes legados en sus antecedentes de décadas atrás, cuando la empresa Standard Oíl de John D, Rockefeller carterizó la industria del petróleo, la cuales se fragmentarían en 34 compañías, tras el fallo judicial del 15 de mayo de 1911.

En el sentido de la dominación industrial, en América, Europa, África y resto del mundo se observaba a empresas como General Electric, Ford, GM, Chevron, Coca-Cola, Merk, Caterpillar, General

Dynamics y muchas otras, podían fácilmente abarcar con sus productos y servicios el mercado internacional, para promocionar el consumo americano o el "Made in Usa" en cuanto expresión de la bandera capitalista.

De esta forma, el desarrollismo norteamericano pudo insertar en la práctica los diferentes constructos teóricos que apoya las dimensiones históricas del desarrollo: progreso, ideológica y económica:

- Progreso, para entender sus avances tecnológicos en la era moderna;
- ideológica, que asoma el tipo de realidad mostrada por el capitalismo con la intención de superar al comunismo soviético;
- y, la económica como fuente fundamental del sistema capitalista que establece la producción y el intercambio de bienes y servicios atraídos al mercado a cambio de un valor comercial.

Como elemento operacional del desarrollo económico a lo angloamericano, la globalización en esos años estuvo entrelazándose por medio de los mecanismos de integración. Al respecto se construyeron nuevas estructuras que emanaron de las bases económicas de Bretton Wood para dirimirse sobre los dictados de las Naciones Unidas. De ese modo, pudieron emerger tratados integracionistas en América, Europa, Asia, África y Oceanía, con distintos horizontes, pero sustanciados por las grandes economías capitalistas.

Paralelamente, en un determinado punto continental con realidades diferentes, otra nación destacaba sobre el hilo del desarrollo para afianzar una economía emergente que en pocos años iba a representar y establecer el contrapeso en la globalización, China. País que envuelto en contradicciones históricas estaba rearmando su estructura económica para marcar pautas en el sistema internacional.

Pero analizar a China, es siempre afrontar un gran reto, para evitar caer en brechas no descriptivas de su pujante y poderoso imperio. Posteriormente sometido por las grandes potencias a la decadencia enrevesada del denominado siglo de la humillación. Hechos verificables a través de confrontaciones externas y disputas internas hasta la guerra de liberación que definitivamente vence el ejército rojo comandado por Mao Zedong en 1949, para derrocar el gobierno nacionalista de Chiang Kai Chek, el cual se obliga a refugiarse en la isla de Taiwán.

Para comprender la esencia de su milenaria fortaleza económica, científicamente como es demostrable, China por el tamaño de su economía durante dos mil años, según Maddison[49], fue la economía más grande del mundo, al lograr promediar una participación del 30% del PIB planetario para el año 1820, superando las expectativas de Europa en cuanto desarrollo económico, científico y militar. En contradicciones, la economía china hasta 1950, su PIB se redujo a 90% para ubicarse en la vigesimosegunda posición mundial.

En estas condiciones Mao, proclama la República Popular China el 1 de octubre de 1949, para iniciar un proceso de reingeniería jurídica social y económica. Por medio de esas medidas ordenar un texto provisional constitucional que la define como un "Estado de democracia popular dirigido por la clase obrera, en alianza obreros y campesinos, bajo el principio del centralismo democrático".

Dentro de esa dinámica, en el año de 1954, se aprueba la primera Constitución Nacional, la cual estipula "que por medio de la industrialización socialista y las transformaciones apoyadas por el pueblo y las fuerzas sociales se construye la sociedad socialista" (art.4). Ese modelo económico anuncia diferentes tipos de propiedad:

1. La propiedad de los medios de producción.
2. La propiedad de todo el pueblo.
3. La propiedad cooperativa en manos de los trabajadores.
4. La propiedad de los trabajadores individuales; y,

5. La propiedad de los capitalistas (art.5).

De igual manera, la constitución del 1954 planteó, las directrices por las cuales se debía guiar la economía:

- el sector del Estado es socialista de economía propiedad de todo el pueblo y la base material de la realización de las transformaciones socialistas (art.6).

- Por medio de los planes económicos, el Estado dirige el desarrollo para elevar el nivel material y cultural del pueblo, y para consolidar la independencia y la seguridad del país. (Art.15).

En esta etapa se orienta la reconstrucción de la nación, para consagrar el plan quinquenal, ahora llamada planificación quinquenal que especifica "la planificación sobre proyectos claves de construcción del país, sobre la distribución de la productividad y las importantes proporciones de la economía nacional, así como la elaboración de objetivos y metas de largo alcance para la economía nacional."[50]

Tantas situaciones de desencuentros políticos en lo interno afrontaron el pueblo chino para armonizar su modo de producción a la contemporaneidad, — planificación centralizada a los soviéticos, el gran salto adelante, la revolución cultural. – Esto generó un serio desgaste y la sucesiva decadencia de las condiciones socioeconómica.

Asimismo, en el plano internacional la guerra fría entablada militarmente por el socialismo y el capitalismo estableció otro desafío a China, lo cual dirimió para emplazarse adherirse a un bloque en conflicto que pese a la merma de la economía y los agitados ciclos armados del siglo XIX y XX, está decide a favor del socialismo:

> El gobierno chino trató de promover las relaciones con las potencias occidentales para crear un buen ambiente internacional en beneficio del desarrollo económico. Sin embargo, bajo el contexto de la guerra fría, China no tuvo otro remedio que ponerse al lado del campo socialista encabezado por la Unión Soviética.[51]

Mientras las principales economías avanzadas seguían estructurando las bases del sistema de comercio, China continuaba adecuándose a su forma societaria. En el año 1975 se reforma la Constitución Nacional para introducir modificaciones importantes con respecto a la definición del Estado, el rol del Partido Comunista Chino (PCCh) y la propiedad:

- socialista de dictadura del proletariado (art. 1),

- el PCCh representa el núcleo dirigente de todo el pueblo chino (art. 2)

- la reducción a dos de los tipos de propiedad, la socialista de todo el pueblo y la socialista de las masas trabajadoras (art. 5).

También, resaltan sucesos anteriores como el acontecido en 1971, cuando la República Popular China es admitida en el seno de los países que integra las Naciones Unidas, para despojar el reconocimiento a la República de China presidida por el gobierno de Taiwán; el distanciamiento de la URSS, su acercamiento relativo a los EE. UU, y las modificaciones constitucionales llevadas el 5 de marzo de 1978.

En ese contexto histórico Deng Xiaoping es de nuevo rehabilitado políticamente, para emerger el liderazgo, a quien la historia china reconoce como "el Arquitecto en Jefe del Modelo de Desarrollo Chino". De allí en adelante se inicia las transformaciones de la planificación del Estado, muchas de ellas plasmadas en el III Pleno del XI Congreso del PCCh de diciembre de 1978, el cual adopta la política de reforma económica y apertura al exterior, basada en el plan de las cuatro modernizaciones: agricultura, industria, defensa y ciencia, y tecnología. Todas apoyadas sobre la máxima general "que China debe desarrollarse económicamente para garantizar su seguridad".

De esta manera, China se inicia en la reforma, con el pragmático Deng, y sus aforismos "cruzando el rio tanteando las piedras", o en la expresión "gato negro, o gato blanco lo importante es que cace ratones", dejando atrás la economía planificada. Para acordar y apostar a la economía mercantil planificada, aprobada durante la III Sesión Plenaria del XII Comité Central del PCCh, el 20 de octubre de 1984, la cual establece la concepción "sistema económico socialista con peculiaridades chinas y lleno de vigor y vitalidad para promover el desarrollo de las fuerzas productivas sociales".

En su fundamentación, la economía mercantil planificada es la base que sustenta el desarrollo económico chino, y además, es el medio para alcanzar las categorías de industrialización, urbanización y modernización del país, teniendo como punto esencial - Más que el valor o el volumen de la producción lo que debe preocupar son los resultados económicos-, apartando el valor bruto de la producción y optando por el valor agregado.

En tal sentido, envueltos en un desarrollismo industrial, favorecidos por la recolocación de la producción, se abren las zonas económicas especiales

(ZEE), pequeñas, medianas y grandes, entre ellas Shangail y Guangzhou. Poniendo en práctica la teoría de los dos sistemas, subrayando Deng, que son medidas económicas y no políticas, pues el poder político lo mantiene el partido para continuar el socialismo.

En 1983, según Toose, el primer informe del Banco Mundial sobre China era laudatorio profésico, pues la china comunista había asentado las bases para el crecimiento. Los buenos resultados económicos más adelante auspiciaron enmiendas a la constitución, en los años 1988, 1993 y 1999 que incluyeron:

- La creación de un sector económico privado en complemento del sector de titularidad estatal.

- La teoría de la construcción del socialismo con características chinas apoyada sobre una economía de mercado socialista.

- La incorporación de la Teoría de Deng Xiaoping (1999).

En igual secuencia, la enmienda de 2004 que protege la propiedad privada y adopta constitucional la Teoría de las Tres Representaciones de Jiang Zemin, la cual versa; el PCCh representa a las fuerzas avanzadas de la producción, las fuerzas avanzadas de la cultura, y las amplias masas populares. Para reconocer por primera vez a los empresarios privados dentro del partido.

Llegando a octubre de 2017 con el XIX Congreso del PCCh que aprueba la incorporación del pensamiento de Xi Jinping en la constitución nacional: China entra en una "nueva era de socialismo con características chinas" dirigida por un Xi Jinping que, indiscutido en el partido y la administración, puede dar un nuevo impulso a su programa de reformas. De esta manera, el presidente Xi junto a Mao Zetong y Deng Xiaoping se constituyen en las únicas referencias de pensamientos expresadas en el texto constitucional chino.

En ese congreso Xi Jinping pronunció el discurso "Por el logro del triunfo definitivo en la culminación de la construcción integral de una sociedad modestamente acomodada y por la conquista de la gran victoria del socialismo con peculiaridades chinas de la nueva época", planteando la nueva concepción para el desarrollo y su cambio de modalidad al desarrollo ecológico. A la vez, propuso:

- el impulso de cambio de la gobernanza global y la persistencia de seguir guiándose por el marxismo-leninismo.

- la continuidad al pensamiento de Mao Zedong, la teoría de Deng Xiaoping y su importe a la triple representatividad y la concepción científica para el desarrollo.

- la chinización del marxismo en la bandera de la paz, el desarrollo, la cooperación y el ganar-ganar.

Dos años después, la perspectiva sobre el desarrollo es señalado en el orden del discurso llevado a cabo por los actos conmemorativo de los 70 aniversarios de la República Popular de China, leído en la plaza Tiananmen en Beijing, el primero de octubre de 2019, "el pueblo chino consiguió levantarse y hemos logrado un desarrollo sin paralelo, ninguna fuerza podrá parar a China''.

En resumidas cuentas, todas estas cuestiones teóricas consagradas en la práctica, China los dispuso en la reforma, la apertura y la modernización del socialismo para lograr un modelo de desarrollo en constante crecimiento desde 1978 hasta el presente. Los hechos están a la vista de todos.

Al igual que EE. UU., en el pasado dominó el sector manufacturero, China en el presente es considerada la fábrica del mundo, con producción del 28,37%, del total de la producción global para superar en conjunto el top de las tres economías siguiente, USA, Japón y Alemania[52]. Ahora se dispone a dar el paso a los servicios y el consumo apoyado en su fuerza laboral para cumplir con la planificación quinquenal.

La estrategia esta expresada en el plan Made in China 2025, anunciado por el Consejo de Estado Chino en 2015, con el fin de lograr la transformación de su industria, en tanto potencia mundial. En ruta de equiparación tecnológica para el 2025, superioridad para el 2030, y dominio del mercado en 2049. Dicho año que coincide con la celebración de los 100 años de la fundación de la República Popular de China.

LA PUGNA EN LOS SECTORES DE PRODUCCIÓN

Los sectores de producción atienden la clasificación de la economía en función de las características que acompaña el tipo de proceso productivo de un país. De modo, en gran medida, de sus fortalezas, depende como una nación acciona sus posibilidades de crecimiento para disponer una estrategia sostenida de desarrollo económico y social.

Así, de esta manera, desde el siglo XIX la división internacional del trabajo categorizó a las regiones del mundo de acuerdo con los sectores de su actividad económica, cuya tipología clásica es la siguiente:

- El sector primario, este incluye la transformación de los recursos naturales en productos primarios no elaborados, a saber, la ganadería, la pesca;

- el secundario, a la transformación para productos listos para el consumo humano, por ejemplo, fabricación, manufactura, construcción,

- y el terciario, el cual no produce bienes tangibles, pues guía el orden de los servicios de apoyo, pero su condición abstracta no impide que resulte vital para la direccionalidad de la economía, verbigracia: asesorías y productos legales, ventas, banca, entretenimiento y otros.

Se estima que el 5% del PIB mundial proviene del sector primario, 25% del secundario y 70% del terciario. A medida que un país desarrolla la diversidad de su economía el nivel terciario se vuelve cada vez más importante, dado que a mayor poder adquisitivo la población tiende a orientarse al consumo, llevando a priorizar este sector en función del crecimiento económico.

En los últimos años, se han agregados dos nuevos sectores a la clasificación tradicional, el cuaternario y el quinario, el primero referido a la administración de la información, es decir, desarrollo, investigación e innovación, y el segundo relacionado con los servicios de seguridad, sanitarios, las actividades domésticas y otros. Algunos criterios afirman, que estos sectores ya están incluidos en el sector terciario.

Respecto a las políticas de las relaciones internacionales, en cuestiones de modelo global, a través de un concierto de naciones, se impuso la tesis que los países debían adecuar su economía en función de las ventajas comparativas que determinaba su sector de producción. Este constructo termino condicionando a los países emergentes a servir de proveedores netos de materia prima a las naciones industrializadas y estos exportadores de los productos manufacturados, lo que deteriora la capacidad de importar, pues, la demanda por los bienes primarios aumenta, en el margen, menos que los ingresos, como en su oportunidad fue manifestado en tanto, términos de intercambio, Raúl Prebisch y Hans Singer.

La recreación de la globalización a favor de la rentabilidad y expansión del capital, en cierta medida, abusada en su forma comercial, ha establecido diversas contradicciones en las potencias desarrolladas, cuando en relocalizar su producción destruye puestos de trabajos, a la vez, en los países emergentes fomenta la extinción de la fuerza laboral en la agricultura, para aumentar lo que algunos denominan el banco de la reserva mundial de la mano de obra potencialmente barata.

Pero esta asimetría pudiera no ser entendida, en momentos, que en los términos de intercambio la balanza se inclina en saldo positivo a favor de los países emergentes, en tanto economía real, ya que la economía financiera ha impuesto una hegemonía dado el acceso de estas a nuevos productos sofisticados de acumulación de capital con lo cual controlan la entrada de las economías en vía de desarrollo a través de la banca internacional.

No obstante, la globalización es un concepto multifacético, y no puede observarse desde una sola mirada, aunque reproduzca situaciones controvertidas a favor de las potencias desarrolladas, las cuales en definitiva controlan los recursos financieros. Mando que controla la economía.

Pero el proceso de dominio financiero no resulta innovador como se verifica en los ciclos historiales, Portugal hasta mediados del siglo XVI, seguida de España, Francia, Reino Unido y EE. UU después de la II guerra mundial para demostrar que quien domina la moneda global lleva el estatus de primera potencia.

Estas actividades financieras globalizadas, en su mayor parte son dominadas por occidente, donde se visibiliza la hegemonía que, al nadar en ese mar geopolítico con otras regiones, en el sentido de la desconfianza mutua, éstas tratan de evitar, aunque a veces no pueden quedar anclada a una estándar propiedad del adversario.

De esta forma el SWIFT, la sociedad para las comunicaciones interbancarias y financieras globales, a través de las reglas modeladas a favor de intereses sirven a las potencias supremas, utilizando la globalización en términos de "la interdependencia armada" como fue acuñado por Henry Farrell y Abrahan Newman. No es materia confidencial que mediante el uso del cuasi monopolio financiero se ha acorralado a las naciones para solamente depender de los productos que ellos proporcionan, además de utilizar el mecanismo como brazo de sanciones y bloqueos a países debidamente seleccionados.

Tampoco es un secreto que los BRICS (Brasil, Rusia, India, China y Sudáfrica), auspiciados en gran medida por China y Rusia están tratando de consolidar una propuesta de contrapeso a esa hegemonía occidental, afín de no seguir cayendo en las redes de las presiones de su rival competitivo. Las proyecciones enfocadas a los BRICS revelan, a estas naciones como las principales economías del mundo para 2050. De aquí, lo estratégico para esos países, de avanzar en la construcción de su propio canal financiero.

En esta lucha China y Rusia siguen explorando las formas de crear una moneda de reserva mundial, sobre una canasta compuesta por reales, rublos, rupias, yuan y rand, que permita el desenganche de la hegemonía occidental y así de esa forma poder participar en los tipos de modelos de desarrollo alternativos. En la práctica, China realiza esfuerzos para comprometer contratos y deudas pagaderas en yuan, de otro modo, Rusia ha dejado que por primera vez en su economía la moneda china supere al dólar en transacciones negociadas.[53]

En tal sentido, queda observa hasta donde apuesta la voluntad de los involucrados y cuanto le permite proseguir su poderoso adversario, en la pugna sin cuartel por la distribución del control en el sector terciario de le economía. La batalla es monetaria la cual necesariamente debe forzarse para determinar la consolidación o el estanque de cualquier proceso emergente.

LA SEGURIDAD EN LA POLÍTICA EXTERIOR DE LAS POTENCIAS ECONÓMICAS

De acuerdo con el ritmo de la geopolítica, cada cierto tiempo, los países soberanos establecen las estrategias de seguridad en las cuales disponen la reasignación de todos sus recursos para el logro eficiente de los objetivos nacionales. Dichos documentos están ordenados como marco referencial para el manejo de los asuntos que esos Estados consideren de seguridad nacional.

Entre esos legajos estatales que tratan de responder a los desafíos afrontados sobre un entorno de seguridad en cambio constantes, se destacan los emergidos de los Consejos de Seguridad que agrupan las principales potencias mundiales. Los referidos documentos en estos momentos de tensiones diplomáticas resultan atrayentes para captar la atención de las declaratorias expuestas en sus contenidos.

EE. UU

La Estrategia de Seguridad Nacional (NSS), es un documento vinculado con el arte y la ciencia de la inteligencia para orientar la aplicación de los instrumentos de poder que dispone la administración estadounidense a fin de procurar su seguridad nacional.

La NSS, deviene de la ley de seguridad nacional aprobada en 1947, la cual de manera formal fue codificada en la directiva del Consejo de Seguridad Nacional (NSN-68) de 1950. A partir de ese documento, elaborado por Paul Nitze, la política de seguridad comienza a instruirse mediante el informe anual que presentaba el Secretario de Defensa al Congreso Nacional.

Esta política del gobierno federal se mantuvo con Kennedy y Johnson, mientras que Nixon aproximó elementos para estructurar una documentación similar al formato actual. Siendo Ronald Reagan el presidente que primero expone de manera formal la primera NNS.

La estructura ordenada de la NNS se adecua a lo preceptuado en La Ley de Organización del Departamento de Defensa- Ley Goldwater-Nichols de 1986, la cual establece que el documento debe contener:

1. Los intereses y objetivos de EE. UU., en el mundo que son vitales para la seguridad nacional del país.

2. La política exterior, los compromisos mundiales y las capacidades de defensa de EE. UU. necesarias para disuadir una posible agresión y para implementar la estrategia de seguridad nacional del país.

3. Las propuestas a corto y largo plazo para el uso de las herramientas políticas, económicas, militares y otros elementos del poder nacional de EE. UU. para proteger o promover los intereses y alcanzar los objetivos del párrafo 1.

4. La adecuación de las capacidades de EE. UU. para cumplir la estrategia de seguridad nacional.

5. Otra información que sea necesaria para ayudar a informar al Congreso sobre los asuntos relacionados con la estrategia de seguridad nacional de EE. UU.

Desde Reagan hasta Biden, las administraciones presidenciales han publicado 18 NNS. Estas no han sido materializadas anualmente como dispone la ley, para destacar:

- Dos (02) durante la administración de Ronald Reagan 1987-1988.

- Tres (03) de George H Bush 1990,1991 y 1993.

- Siete (07) durante la administración de Bill Clinton 1994-1999 y 2001.

- Dos (02) aprobadas durante George W. Bush 2002,2006.

- Dos (02) con Barack Obama 2010, 2015.

- Una (01) durante Donald Trump 2017.

- Una (01) durante Joe Biden 2022.

La Estrategia de Seguridad Nacional vigente 2022 (NNS, 2022), considera que esta década es la decisiva para la competición por el poder a escala mundial. Los tres intereses esenciales que definen este documento son: "Proteger la seguridad del pueblo estadounidense, generar más oportunidades económicas y hacer realidad y defender los valores democráticos que son esenciales para el estilo de vida estadounidense."

Las claves contendidas en la declaración de la NNS, 2022, versa, cuanto:

- El desafío estratégico más apremiante al que se enfrenta EE. UU., es la pugna contra los poderes que combinan la gestión autoritaria con una política exterior revisionista del orden internacional liberal.

- Identifica a Rusia como la gran amenaza inmediata a la seguridad, y a China, como el mayor desafío de alcance global con la capacidad de poder revertir el orden impuesto por ellos.

- Divide las naciones del mundo en cuatro grupos: primero, un núcleo de aliados democráticos en Europa y el Indo-Pacífico que comparten plenamente los valores de EE. UU.; segundo, otras democracias que, aunque no están de acuerdo con ellos en todos los temas, comparten gran parte de su visión para el orden regional e internacional; tercero, autocracias que dan la bienvenida a un orden internacional basado en reglas y, cuarto, autocracias revisionistas que buscan interrumpir ese orden.

La Unión Europea

La UE aprobó el documento[54] "Una Brújula Estratégica para la Seguridad y la Defensa: por una Unión Europea que proteja a sus ciudadanos, defienda sus valores e intereses y contribuya a la paz y la seguridad internacionales" en marzo, 2022. Con este dossier el conjunto de naciones innova para ofrecer la perspectiva compartida de la seguridad.

La Denominada "Brújula Estratégica", es un referente nuevo de política exterior sancionado de manera unánime por los ministros de defensa de los Estados miembro de la unión, el cual no sustituye las estrategias de seguridad nacional de cada socio en particular, sino que, según su visión, ofrece la oportunidad de fomentar una cultura común de seguridad y defensa.

Esta iniciativa surge del Consejo de la UE de 2020, desarrollada durante dos años hasta su finalización, tras su aprobación el 21 de marzo de 2022. Los puntos que resaltan en la estrategia de colaboración de la UE son los siguientes:

- Reconoce el regreso de la guerra a Europa, reafirmando el apoyo a Ucrania ante la agresión de Rusia, sobre un entorno de coacción económica y energética. Además de indagar en la compleja relación con la OTAN, en cuanto, complementariedad de sus políticas de defensa.

- Determina que UE y sus estados socios deben invertir más en su seguridad y su defensa para convertirse en actores políticos y de seguridad más influyentes, con más capacidad para actuar como proveedora de seguridad; actuar, asegurar, invertir y asociar.

- Destaca el lugar de Rusia y China para la UE, la primera como amenaza clara y multifacética, especialmente militar desde la invasión de Ucrania en febrero pasado. La segunda como socio, competidor y rival sistémico, cuya participación en las tensiones regionales es cada vez mayor.

Rusia

El Kremlin emitió su nuevo Concepto de la Política Exterior de la Federación Rusa (CPEFR), el cual define,[55] "es un documento de planificación estratégica que proporciona una visión sistémica de los intereses nacionales de la Federación Rusa en el ámbito de la política exterior, los principios básicos, las metas estratégicas, los objetivos principales y las áreas prioritarias de la política exterior rusa".

Dicho documento, toma en cuenta, ciertas disposiciones de la estrategia de seguridad de Rusia, así como de otros instrumentos normativos de planificación estratégica, inherentes con las relaciones internacionales.

En este contexto, el CPEFR, destaca los siguientes puntos:

- El lugar de Rusia está determinado por sus importantes recursos en todas las áreas de la vida, su condición de miembro permanente del Consejo de Seguridad de la ONU, participantes de las principales organizaciones y asociaciones intergubernamentales, una de las mayores potencias nucleares y el sucesor de la URSS.

- Afirma que la actitud de Rusia con respecto a otros Estados y asociaciones interestatales depende del carácter constructivo, neutral y hostil de sus políticas con la Federación Rusa.

- Los cambios que ahora se están produciendo y que, en general, son favorables, no son, sin embargo, bien recibidos por una serie de Estados acostumbrados a la lógica de la dominación global y el neocolonialismo. Estos países se niegan a reconocer las realidades de un mundo multipolar, y, a ponerse de acuerdo sobre los parámetros y principios del orden mundial en consecuencia.

- Rusia representa una amenaza para la hegemonía occidental de los EE. UU

- Reducir y neutralizar los estados europeos hostiles, a la Organización del Tratado del Atlántico Norte, la Unión Europea y el Consejo de Europa.

- Rusia tiene como objetivo fortalecer aún más la asociación y la cooperación estratégicas con China, también, busca seguir construyendo una asociación privilegiada con India.

- Aumentar la cooperación económica en el Asia Pacifico, desarrollar una cooperación de confianza, y a gran escala con Irán, apoyar integralmente a Siria, profundizar las asociaciones multifacéticas con Turquía, Arabia Saudita, y Egipto.

- Profundizar las relaciones con África, fortalecer la amistad, el entendimiento mutuo y profundizar la asociación multifacética de beneficio mutuo con Brasil, Cuba, Nicaragua y Venezuela.

China

La República Popular de China, publicó el "Documento Conceptual de la Iniciativa de Seguridad Global", en febrero de 2023. Para completar la trilogía con la "Iniciativa de la Faja y la Ruta", y la "Iniciativa de Desarrollo Global", tres documentos a través de los cuales China quiere interactuar con el resto del mundo.

La GSI[56] (acrónico en inglés), en sus antecedentes, caracteriza a la seguridad en relación con el bienestar de los pueblos de todos los países, la noble causa de la paz, el desarrollo mundial y el futuro de la humanidad.

También, describe los nunca vistos múltiples riesgos y desafíos que enfrenta la comunidad internacional; puntos críticos de seguridad regional, la frecuencia de los conflictos y turbulencias locales, la persistencia del Covid19, el aumento del unilateralismo y el proteccionismo, el enlace entre las amenazas de seguridad tradicionales y no tradicionales, y los crecientes déficit de paz, desarrollo, seguridad y gobernabilidad.

Los principios que acoge la GSI, son: compromiso con seguridad común, integral, cooperativa y sostenible, respeto a la soberanía y la integridad territorial de todos los países, cumplimento de los propósitos y compromisos de la ONU, compromiso de tomar en serio las preocupaciones legítimas de seguridad, resolver las diferencias y disputas a través del dialogo y la consulta, y el mantenimiento de la seguridad tanto en los dominios tradicionales como en los tradicionales.

Asimismo, prioriza la cooperación en el marco de aspirar llevar a cabo una relación bilateral y multilateral con todos los países;

- para apoyar una nueva agenda de paz, aprovechar aún más el Subfondo para la Paz y la Seguridad del Secretario General del Fondo Fiduciario para la Paz y el Desarrollo de China y las Naciones Unidas y,

- defender los tres principios de "consentimiento de las partes, imparcialidad y no uso de la fuerza excepto en defensa propia y defensa del mandato", y apoyar la provisión de asistencia financiera suficiente, predecible y sostenible a la Unión Africana (UA).

Además, apoyar y mejorar el mecanismo y la arquitectura de cooperación de seguridad regional centrados en la ASEAN, implementar la propuesta de cinco puntos sobre la consecución de la paz y la estabilidad en Oriente Medio;

- apoyar los esfuerzos de los países africanos, la UA y las organizaciones subregionales para resolver conflictos regionales, apoyar a los países de América Latina y el Caribe en el cumplimiento activo de los compromisos establecidos en la "Proclama de América Latina y el Caribe como Zona de Paz",

- apoyar a la Comunidad de Estados Latinoamericanos y Caribeños y otras organizaciones regionales y subregionales a desempeñar un papel activo en el mantenimiento de la paz y la seguridad regionales,

- salvaguardar la seguridad alimentaria y energética mundial y apoyar la cooperación entre países para abordar el cambio climático y mantener cadenas industriales y de suministro estables y fluidas, y acelerar la implementación de la Agenda 2030 de las Naciones Unidas para el Desarrollo Sostenible.

Las plataformas y mecanismos de cooperación a través de los cuales China desea promover esta iniciativa son principalmente:

- las distintas instancias de la ONU, a la vez que insta aprovechar los roles de la Organización de Cooperación de Shanghái, los BRICS, la Conferencia sobre Interacción y Medidas de Fomento de la Confianza en Asia, el mecanismo "China+Asia Central" y los mecanismos relevantes de cooperación de Asia Oriental.

- El Foro de Paz y Seguridad China-África, el Foro de Seguridad de Medio Oriente, el Foro de Beijing Xiangshan, el Foro de Cooperación de Seguridad Pública Global (Lianyungang).

Asimismo, la nación oriental espera, como dice expresamente la GSI, construir más plataformas y mecanismos internacionales de intercambio y cooperación para abordar los desafíos de seguridad en áreas como la lucha contra el terrorismo, la ciberseguridad, la bioseguridad y las tecnologías emergentes, con miras a mejorar la capacidad de gobernanza en el ámbito de la seguridad no tradicional.

El retorno del imperio del sol naciente

Japón la tercera economía del mundo ha regresado a la política de seguridad y defensa, para echar a un lado la doctrina pacifista devenida de la segunda guerra mundial, y de esta manera dar respuestas a los cambios en el entorno internacional. La administración del primer ministro Fumio Kishida aprobó tres nuevos documentos: la Estrategia de Seguridad Nacional[57] (NSS), la Estrategia de Defensa Nacional[58] (NDS) y el Programa de Aumento de Defensa[59].

Los documentos estratégicos japones, son intentos realistas por evitar un profundo desequilibrio de fuerzas, especialmente en la región de Asia, frente al desafío que según su geopolítica representa el fortalecimiento de China, con miras a disuadir las intenciones futuras del gigante asiático u otras coaliciones para pretender atacar militarmente el territorio nipón.

Estos documentos, también buscar presionar para lograr actualizar y permitir definitivamente el principio de autodefensa colectiva, al cual Japón renunció cuando se impuso una Constitución en el periodo de la ocupación estadounidense, tras su derrota en la segunda guerra mundial, cuya obligación quedo estipulada en el renombrado artículo 9 "no se mantendrán en lo sucesivo fuerzas de tierra, mar o aire como tampoco otro potencial bélico".

Aun con ese obstáculo constitucional, de manera orgánica sus fuerzas de autodefensa se han ido adaptando progresivamente durante años, primero conformaban una agencia, luego se creó un Ministerio de Defensa, y, seguidamente, el gobierno estableció un Consejo de Seguridad Nacional dentro de las oficinas del primer ministro para coordinar asuntos de seguridad.

En particular la NNS 2022, señala:

- Que la globalización y la interdependencia no pueden servir como garantes de paz y desarrollo por si sola, tras los serios desafíos para el orden internacional libre, abierto y estables, sobre cambios históricos de equilibrios de poder y la intensificación de las competencias geopolíticas.

- La insatisfacción derivada de la expansión económica, disparidades y otros factores están generando renovados sentimientos de tensión nacional, incluso en las relaciones interestatales. Además, algunos Estados al no compartir valores universales están explotando enfoques únicos para desarrollar rápidamente sus economías y tecnologías, para obtener superioridad sobre aquellos estados que han defendido los principios de la economía de mercado.

- Un miembro permanente del Consejo de Seguridad ha pisoteado los principios de paz y la seguridad internacional.

- La alianza Japón-EE. UU, es un elemento esencial para lograr la defensa territorial y la paz y estabilidad regional

Para su estrategia de defensa, Japón prevé fortalecer su capacidad de defensa, en cuanto acciones de contrataque en cooperación con los EE. UU., así como operaciones similares en la defensa. A la vez que dispone llevar a cabo una política que permita invertir el 2% del PIB en presupuesto de defensa.

LOS CUELLOS DE BOTELLAS DEL COMERCIO INTERNACIONAL

El comercio internacional depende del 90% del transporte marítimo para intercambiar su mercancía alrededor del mundo, por lo cual las rutas de navegación resultan indispensables para llevar a cabo su cometido. No obstante, el derecho a la comercialización puede verse comprometido a las condiciones subordinadas que determinan los distintos factores de la geoeconomía.

En tal sentido, existen cuatro pasos marítimos- dos canales artificiales y dos estrechos naturales- por los cuales históricamente ha circulado el comercio internacional, es decir tramos obligados, de donde transita el 70% de las mercancías claves para el funcionamiento de la economía mundial. En la actualidad, estas rutas por el contexto geoeconómico en las relaciones interestatales pueden denominarse, "nodos críticos para la cadena de suministro", los indispensables cuellos de botellas del comercio internacional.

El canal de Suez

Aunque es de vieja data el transitar por esta ruta, que conecta el Mediterráneo con el Mar Rojo, - oriente y occidente- a través de 193 kilómetros de distancia y recorre de norte a Sur el Istmo de Suez, en Egipto. El actual canal fue inaugurado en 1869, para constituir en esa época un gran avance de la navegación y el comercio, pues se evitaba bordear África para llegar a Europa desde Asia. La ruta anterior que hoy sirve como alternativa tarda nueve días adicionales a la vía de Suez, trayendo aumento de costo a la carga del transporte.

Durante finales del siglo XIX, y periodos del XX, diversas confrontaciones entre Reino Unido, Israel y Francia evidenciaron la lucha por el derecho, uso, y control de su administración, hasta entrado el año de

1948 cuando Egipto nacionalizó el canal para posteriormente reabrirlo en 1957. El obrar un trazo de una línea de duras batallas de poderes políticos en torno a Suez, es reiterar sobre las repercusiones que puede constantemente reproducirse en todos los ámbitos tanto regional y mundial.

Lo emblemático de la interconexión oceánica más rápida entre el pacífico y el indico, es el paso del mayor porcentaje de petróleo comercializado. Por su infraestructura transita el 10% del comercio mundial, a la vez, durante el 2022, un promedio de 68 barcos atravesó diariamente sus aguas para transportar y establecer un récord de 1.410 millones de toneladas de cargas.[60]

Asimismo, el funcionamiento óptimo de sus instalaciones incide en el desenvolvimiento de la economía egipcia. Solamente por derechos de tarifas de tránsito se obtuvo 8.000 millones de dólares en 2022, para estimar en los próximos años un incremento de hasta 10.000 y 12.000 millones de dólares anuales.

El Canal de Panamá

La historia de canal de panamá está basada en contradicciones geopolítica, económica, y otros hechos políticos acometidos para asumir el control del estratégico paso canalero. En lo que respecta a su construcción, tras conocer la antigua vía utilizada por los nativos indígenas, Carlos V Rey de España, ordenó el primer estudio para proyectar una ruta sobre el Istmo de Panamá.

Pero, su edificación la iniciaría tres siglos después una compañía francesa, la cual solo consiguió realizar la primera etapa de la excavación hasta el año de 1903. Luego vendría la conspiración interna y externa que determinó la separación de Panamá de Colombia, para posteriormente suscribirse el Tratado Hay Burnau Varilla, firmado entre EE. UU., y Panamá que permitió la finalización de la gran obra de ingeniería.

Desde su entrada en funcionamiento el canal fue controlado directamente por los EE. UU., a través de una agencia gubernamental denominada "La comisión del Canal de Panamá.", quien administró las operaciones hasta el 31 de diciembre de 1999, cuando finalizó la cláusula de concesión pautada en los tratados Torrijos-Cartes vigente a partir de 1979. En la fecha indicada, el gobierno estadounidense traspaso la administración, operación y mantenimiento a la República de Panamá.

Para demostrar el significado económico de lo que representa la soberanía sobre la gestión del canal, en 2022 el canal aportó al fisco nacional la cantidad de 2.494 millones de dólares, la cual supera los 1.878 millones de dólares que ese país recibió durante los 85 años de la administración estadounidense[61]. Otras cifras relacionadas con las operaciones son;

- el Canal atendió 14,132 tránsitos de buques, un 6.3 % por encima de los del 2021, y 6.1 % sobre los registrados en el 2020.

- la dimensión de este canal es bastante amplia, 180 rutas marítimas, 170 países usuarios y 1920 puertos conectados.

- el compromiso con el cambio climático es fundamental para la sostenibilidad del canal, pues, es la única ruta marítima que depende de agua dulce para su operación.

- Por el canal transita el 3% del comercio mundial, para ingresos totales por tarifas de 4.323 millones de dólares.

Estrecho de Malaca

El estrecho de Malaca es un paso natural, por lo que en teoría no es administrado por ningún país del mundo, para extenderse a lo largo de 930 kilómetros entre el océano indico y el pacífico en jurisdicciones de aguas de Indonesia, Malasia y Singapur. No obstante, su referencia ante la historia es relevante, dado que ha sido lugar para declaraciones de guerra, imposiciones de mandatos, declives de reinos y el desarrollo de toda una región, lo cual constituye un centro sensible en su posición geográfica.

Por su localización neurálgica, resulta en un enclave energético, y punto de acceso geográfico extraordinario para las operaciones comerciales, al conectar Europa, África y medio oriente con Asia oriental. Asimismo, es un paso critico que converge las cantidades de mercancías y el tipo de mercancía, petróleo, gas, manufactura, alimentos, tecnológicos, para acrecentar la competencia de diferentes actores por el control de la ruta de sus aguas.

Se estima que el tránsito por sus aguas representa para el comercio mundial:

- la 1/4 parte del comercio internacional y el 90% del flujo petrolífero mundial.
- alrededor de 150 barcos pasan diariamente por sus aguas.
- anualmente transitan 90.000 embarcaciones.
- es la vía de transporte principal que fluye las economías de China y Japón.

-   constituye el paso obligado, por donde recibe y da salida a sus bienes la máxima economía emergente global y segunda potencia mundial, la República Popular de China.

El estrecho de Ormuz

El estrecho de Ormuz es una ruta de navegación que une al golfo pérsico con el golfo de Omán y el mar arábico, posee una longitud de 55 a 95 kilómetros de ancho y separa Irán (norte) de la península arábica (sur).[62] Prácticamente es controlado por la seguridad y las fuerzas de defensa de Irán, aun cuando comparte algunos derechos con Omán y Arabia Saudita.

De acuerdo con su contexto de punto de choque geoestratégico, Ormuz a través de la historia ha derivado a forjar luchas de transformaciones afines a modelos políticos, así como decadencias de imperios gobernantes. Incertidumbres que durante siglos han permitido darle valor a escala regional y global.

En el periodo de 2014-2020 por la ruta del estrecho trasportaron petróleo, unos 19 millones de barriles diarios,[63] cifras que sirven para denominarla la principal arteria del petróleo mundial. Además, sus números de navegación y el transporte muestran lo importante de este paso para el mundo:

- representa la quinta parte de todo el petróleo crudos y otros líquidos comercializados por vía marítima,
- el cartel de la OPEP por este estrecho exporta la mayor parte de su crudo,
- Qatar, el mayor exportador de GNL del mundo, utiliza esta vía para enviar casi toda la producción a sus clientes.

De acuerdo con lo observado en esta síntesis, destaca la uniformidad de las luchas históricos, aunque en diferentes contextos, las cuales han sido intensificadas con el objetivo de lograr la posesión de dominio sobre los estrechos marítimos vitales para el comercio global y las economías de los países. La historia no se contradice para explicar por medio de los hechos, -

quien controla el mar, domina el comercio y a través de este se obtiene poder-.

REFLEXIONES PRELIMINARES

Los puntos tratados en la discusión antecedida concurren y se sincronizan para exponer desde diferentes perspectivas el modelo geoeconómico que de acuerdo con el pulso de las relaciones internacionales vienen a darse en serie de actualización, pero con una sola finalidad el control comercial. La fragmentación implica desencuentros y la posibilidad de llevar a la sociedad a la costumbre de establecer un estado de pánico que seguramente desenlacé en un conflicto de escala global.

El modelo de desarrollo dominante en la escena productiva, anclado al sistema internacional, condena a la subordinación de las economías emergentes a la disposición de las direcciones emergidas desde el mando de las potencias industrializadas para reproducir una dependencia interminable. La lucha adscrita a la fragmentación actual debe proponer en definitiva el rompimiento de esos ciclos históricos.

Mientras tanto, en el orden, del curso de los acontecimientos, occidente ejecuta nuevas fórmulas para intentar desacoplar a su contrario, en esta mano de toma y dame, pero, el bloque oriental también juega el partido de sobrevivencia y posible acceso al desplazo de timón, donde China ha sido la verdadera campeona del torneo globalista, pues, a base de esfuerzo colectivo pudo convertirse en la región con el mayor crecimiento económico de la historia, y lo interesante es, el corto tiempo, solo 40 años. Ahora fortalecida y con más serenidad no quiere perderse el protagonismo de la era de transformación del sistema geoeconómico, decidida ésta, a jugársela con su socio estratégico Rusia. También, destacan entre las reflexiones:

- El bloque oriental liderado por China-Rusia, ante el cuestionamiento del orden internacional, como causa de negar su acceso a las estructuras de gobernanza global, acelera la fragmentación económica que sombrea a los dominios, militar, tecnológico y diplomáticos, para transcender la hegemonía de occidente, y así, de esa manera reconfigurar formalmente la multipolaridad.

- La globalización como ruta del modelo económico comercial se reacomoda a procesos regionales de cadenas de suministros cercanos o menos distantes de los mandos aliados, a fin de evitar el salto de eslabones, cualquiera que pudiera ocasionarse.

- La reinversión de poder en la gobernanza económica a favor del bloque oriental hace avivar el pulso de la confrontación en la OMC, donde Occidente, aún tiene mucha capacidad para maniobrar el accionar o diferimiento de criterios que contribuya a su modelo adaptado de economía liberal.

- China dispuesta a quebrar la supremacía del dólar estadounidense, pacta con las principales economías árabes en función de trascribir nuevas reglas en el mercado monetario energético mundial, la consolidación del petroyuan es el principal objetivo de los asiáticos.

REFERENCIAS BIBLIOGRÁFICAS Y NOTAS DE INFORMACIÓN

[1]Nicolas Christakis. *Apollo's arrow: the profound and enduring impact of coronavirus on the way we live.*2021.

[2]Ezequiel Ramoneda. *Viejos conocidos y nuevas configuraciones en el IndoPacifico: AUKUS.*2021.https://www.embajadaabierta.org/post/viejos-conocidos-y-nuevas-configuraciones-en-el-indo-pac%C3%ADfico-aukus-por-ezequiel-ramoneda

[3]White House. *National Security Strategy.*2022.https://www.whitehouse.gov/wp-content/uploads/2022/10/Biden-Harris-

Administrations-National-Security-Strategy-10.2022.pdf

[4]Adam Toose. *Welcome to the world of the polycrisis.* Financial Times 2022.https://www.ft.com/content/498398e7-11b1-494b-9cd3-6d669dc3de33

[5] Isabel Weber. *How China Escaped Shock Therapy. The Market Reform Debate*, Routledge, 2021.

[6]OIM. *La migración en mundo globalizado.* Octagésima séptima reunión 2003.https://www.iom.int/sites/g/files/tmzbdl486/files/2018-07/mgw_es.pdf

[7]OIM. *Una de cada 30 personas son migrantes.*2023.https://www.iom.int/es/sobre-la-migracion

[8]OIT. *Perspectivas sociales y del empleo en el mundo Tendencias* 2023.https://www.ilo.org/wcmsp5/groups/public/---dgreports/---dcomm/---publ/documents/publication/wcms_865368.pdf

[9]GMDAC. *Incidencias fatales de los trabajadores migrantes internacionales* 2023.https://publications.iom.int/books/occupational-fatalities-among-international-migrant-workers

[10]FIDH. *Globalización y derechos humanos* *2023*.https://www.fidh.org/es/temas/globalizacion-y-derechos-humanos/

[11]CEPAL. *Gran potencial para solucionar problemas ambientales* 2002.https://www.cepal.org/es/comunicados/gran-potencial-solucionar-problemas-ambientales

[12]CEPAL. *Recursos naturales y desarrollo sostenible en América latina y el caribe* 2022.https://www.cepal.org/sites/default/files/events/files/rrnn_y_desarrollo_sotenible_en_alc_noviembre_2022.pdf

[13]Natalia Otero, *Cadenas de suministro regionalizadas pero globales.* Diario El País.2022. https://webcache.googleusercontent.com/search?q=cache:bNbRobe72Y8J:https://elpais.com/extra/infraestructuras/2022-10-23/cadenas-de-suministro-

regionalizadas-pero-globales.html&cd=5&hl=es-419&ct=clnk&gl=ve

[14]Javier Sánchez, *Producción Just in time*. Economipedia 2015https://economipedia.com/definiciones/produccion-just-in-time.html

[15]Natalia Otero, Ibid.

[16] Ministerio de Relaciones Exteriores de la República Popular de China. Wang Yi: *La "Estrategia sobre el Indopacífico" de Estados Unidos Está Condenada a Ser una Estrategia Fallida* 2022. https://www.fmprc.gov.cn/esp/gjhdq/yz/2757/2759/202205/t20220523_10691411.html

[17] US. Department of State. *El enfoque de la administración hacia la República Popular de China* 2022.https://www.state.gov/translations/spanish/enfoque-de-la-administracion-con-respecto-a-la-republica-popular-china/

[18] Ministerio de Relaciones Exteriores de China. *Conferencia de Prensa Ordinaria del Portavoz del Ministerio de Relaciones Exteriores Wang Wenbin el 27 de mayo de 2022.*https://www.fmprc.gov.cn/mfa_eng/xwfw_66

5399/s2510_665401/2511_665403/202205/t202205
27_10693733.html

[19]Ha-Joo-Chang. *Patada a la escalera: La verdadera historia del libre comercio* 2013.https://dialnet.unirioja.es/servlet/articulo?codigo=6266927

[20]EE. UU. 117 Congress (2021-2022). *Inflation Reduction Act.* Aprobado el 16/08/2022.https://www.congress.gov/bill/117th-congress/house-bill/5376/text

[21]Huw Van Steenis. *"Abrazar la incertidumbre": 3 cosas que aprendí en Davos.* World Economic Forum 2023.https://es.weforum.org/agenda/2023/01/abrazar-la-incertidumbre-esto-es-lo-que-aprendi-en-davos-2023/

[22]Beatriz Navarro. *Europa endurece el tono frente al proteccionismo de Estados Unidos.* La vanguardia 2022.https://www.lavanguardia.com/economia/20221108/8597891/europa-endurece-tono-frente-proteccionismo-estados-unidos.html

[23]Franklin D Kramer.China and new Globalization. AtlanticCouncil.2023.https://www.atlanticcouncil.org/in-depth-research-reports/report/china-and-the-new-globalization/

[24]Saadia Zahidi.*The Global Risk Report 2023*. World Economic Forum 2023. https://www3.weforum.org/docs/WEF_Global_Risks_Report_2023.pdf

[25] Ibid.

[26]Programa de Naciones Unidas para el Medio Ambiente. *El informe la ventana de oportunidad se está cerrado*2022.https://wedocs.unep.org/bitstream/handle/20.500.11822/40932/EGR2022_ESSP.pdf?sequence=13

[27]Bp Statistical Review of World Energy 2022.https://www.bp.com/content/dam/bp/business-sites/en/global/corporate/pdfs/energy-economics/statistical-review/bp-stats-review-2022-full-report.pd

[28] Barry Buzan, Ole Waever y Jaap de Wilde. *Security: A new framework for analysis* 1998.Lynne Rienner Publishers.

[29]The Economist. *China's re-globalisation paradox* 2023.https://www.economist.com/finance-and-economics/2023/01/19/chinas-re-globalisation-paradox?gclid=EAIaIQobChMI7vC42JGS_QIV4-CGCh3bJgYKEAAYASAAEgKLsvD_BwE&gclsrc=aw.ds

[30]Política China.*China publica libro blanco sobre relaciones con la OMC* 2018.https://politica-china.org/areas/politica-exterior/china-publica-libro-blanco-sobre-relaciones-con-la-omc

[31]Paul Wiseman. *OMC rechaza aranceles al acero que impuso Trump.*AP noticias, 2022 https://apnews.com/article/noticias-06f25fa18c6f6cd025c8c1d1e8168f18

[32] OMC. *Estados Unidos-determinadas medidas sobre productos del acero y el aluminio.* NOTIFICACIÓN DE UNA APELACIÓN DE LOS ESTADOS UNIDOS EN VIRTUD DEL ARTÍCULO 16 DEL

ENTENDIMIENTO SOBRE NORMAS Y PROCEDIMIENTOS QUE RIGEN LA SOLUCIÓN DE CONTROVERSIAS (ESD)30/01/2023. Signatura de documento WT DS544/14.Documento 23-0678.https://docs.wto.org/dol2fe/Pages/FE_Searc h/FE_S_S009-DP.aspx?language=E&CatalogueIdList=291524,290 301,290303,290305,286070,279390,270648,256769,2 56319,251116&CurrentCatalogueIdIndex=0&FullTe xtHash=&HasEnglishRecord=True&HasFrenchRec ord=True&HasSpanishRecord=True

[33]Forbes. *La OMC condena los aranceles al acero y aluminio de EE. UU. en la era Trump, pero el país no acatará el fallo* 2022.https://forbes.es/ultima-hora/205809/la-omc-condena-los-aranceles-al-acero-y-aluminio-de-eeuu-en-la-era-trump-pero-el-pais-no-acata-el-fallo/

[34] BBC. *Acuerdo EE. UU.-China: quién es el ganador de la guerra comercial entre las dos mayores economías del mundo* 2020.https://www.bbc.com/mundo/noticias-internacional-51129740

[35] Federico Steinberg. *El imposible encaje de China en la Organización Mundial del Comercio (OMC)*. Real Alcano 2022.https://www.realinstitutoelcano.org/comentarios/el-imposible-encaje-de-china-en-la-organizacion-mundial-del-comercio-omc/

[36] Javier Jorrin. *20 aniversario de su ingreso. ¿Fue una buena idea aceptar a China en la OMC? Así ha afectado a las economías avanzadas.* El Confidencial 2021.https://www.elconfidencial.com/economia/2021-12-12/china-omc-afecto-economias-avanzadas_3339456/

[37] Henry Paulson Jr. *America's China Policy Is Not Working. The Dangers of a Broad Decoupling.* Foreign Affairs 2023.https://www.foreignaffairs.com/china/americas-china-policy-not-working

[38] Henry Paulson Jr. *The Future of the Dollar U.S. Financial Power Depends on Washington, Not Beijing.* Foreign Affairs 2020.https://www.foreignaffairs.com/united-states/future-dollar

[39] The State Council Information Office The Peoples Republic of China. *Carrying Forward Our Milennaria-old Friendship and Jointly Creating a Better Future.* Full text of Xi signed article on Saudi media 2023.http://english.scio.gov.cn/topnews/2022-12/08/content_78556716.htm

[40] Brian Evans, citando a Zoltan Pozsar. *China looks to weaken US dollar with petroyuan as oil producers rally to Beijing, and Russia has 'become an Asian nation,' analyst says.* Businessinsider 2023.https://markets.businessinsider.com/news/currencies/us-dollar-vs-yuan-china-petroyuan-saudi-arabia-russia-oil-2023-1

[41]Bloomberg. *China's Taking Control of LNG as Global Demand Booms.*2023.https://www.bloomberg.com/news/articles/2023-02-19/china-s-moving-to-take-control-of-liquefied-natural-gas-as-global-demand-booms#xj4y7vzkg

[42] SIPRI. *Trends in international arms transfers, 2022.* Stockholm International Peace Research Institute

2023.https://www.sipri.org/publications/2023/sipri-fact-sheets/trends-international-arms-transfers-2022

[43]Graeme Wood. *Absolute Power.* The Atlantic 2022.https://www.theatlantic.com/magazine/archive/2022/04/mohammed-bin-salman-saudi-arabia-palace-interview/622822/

[44]The Economic Times. *SVB depositors, investors tried to pull $ 42 billion Thursday* 2023.https://economictimes.indiatimes.com/markets/stocks/news/svb-depositors-investors-tried-to-pull-42-billion-thursday/articleshow/98557213.cms?from=mdr -

[45] Carta Fundacional Naciones Unidas.Art.55. 1945.

[46] Erick Hobswawn. Historia del siglo XX. Grijalbo.1998.

[47] Walt Whitman Rostow (1916-2003), Consejero de Seguridad Nacional en la administración de Lyndon Johnson, trabajó en el Departamento de Estado y en la Comisión Económica para Europa, órgano de la ONU planificador del Plan Marshall. Autor del libro Las etapas del crecimiento económico: un manifiesto

no comunista (1959), donde se concibe el desarrollo a un proceso lineal, universal y cuasi natural.

[48]   John   Kenneth.   El   Nuevo   Estado industrial.Información comercial española. Boletín de información No.15.1966.

[49] Angus Maddison. Chinese economic performance in the long run. OECD.2007.

[50] Wui Li, Sui Fumin y Zheng Leí. s. *Economía China. República Popular China*. China Intercontinental Press.2010.

[51] Ibid.

[52] How much understanding Money. *Mapping Countries Manufacturing Output: China's Superpower vs. the World.*2020.https://howmuch.net/articles/map-worlds-manufacturing-output

[53]Bloomberg. *China's Yuan Replaces Dollar as Most Traded Currency in Russia* 2023.https://www.bloomberg.com/news/articles/2023-04-03/china-s-yuan-replaces-dollar-as-most-traded-currency-in-russia#xj4y7vzkg

54 Unión Europea. *A Strategic Compass for Security and Defence - For a European Union that protects its citizens, values and interests and contributes to international peace and security.*2022.https://data.consilium.europa.eu/doc/document/ST-7371-2022-INIT/en/pdf

55Permanent Mission of the Russian Federation to the European Union. *The Concept of the Foreign Policy of the Russian Federation* 2023.https://russiaeu.ru/en/news/concept-foreign-policy-russian-federation

56 Ministry of Foreign Affairs of the people's Republic of China. *The Global Security Initiative Concept Paper* 2023.https://www.fmprc.gov.cn/mfa_eng/wjbxw/202302/t20230221_11028348.html

57Cabinet Secretariat. *National Security Strategy of Japan* 2022.https://www.cas.go.jp/jp/siryou/221216anzenhoshou/nss-e.pdf

[58]Ministry of Defense. *National Defense Strategy 2022.*https://www.mod.go.jp/j/approach/agenda/guideline/strategy/pdf/strategy_en.pdf

[59]Ministry of Defense. *Defense Buildup Program 2022.*https://www.mod.go.jp/j/approach/agenda/guideline/plan/pdf/program_en.pdf

[60]Barron's.*Egypt's Suez Canal Nets $8 Bn In New Annual Record2023.* *https://www.barrons.com/news/egypt-s-suez-canal-nets-8-bn-in-new-annual-record-01674659707*

[61]Autoridad del Canal de Panamá. *Informe Anual 2022.*https://pancanal.com/wp-content/uploads/2023/01/Informe-2022.pdf

[62]Enciclopedia británica.https://www.britannica.com/place/Strait-of-Hormuz

[63]Statista. *Oil flows through the Strait of Hormuz between 2014 and 2020.*https://www.statista.com/statistics/277157/key-figures-for-the-strait-of-hormuz/